Wahnsinnig vielen Dank an alle, die mich bei diesem Projekt unterstützt haben!

Michael Kimmelmann

Der Messe-Wahnsinn

Planloser Aktionismus oder erfolgreicher Auftritt?

33 Praxis-Tipps für Ihren Messe-Erfolg

Bibliografische Information der Deutschen Nationalbibliothek:

Die Deutsche Nationalbibliothek verzeichnet diese Publikation in der Deutschen Nationalbibliografie.

Detaillierte Daten sind im Internet über www.dnb.de abrufbar.

© 2014 Michael Kimmelmann

Bilder: Karlsruher Messe- und Kongress-GmbH (KMK)

www.messe-karlsruhe.de

Profilbilder: Martina Grösser

Covergestaltung: S. Skibinski www.das-kreativ-kollektiv.de

Abbildungen:

Broschüre, Erfolgreiche Messebeteiligung Grundlagen 2013

AUMA e.V. www.auma.de

Herstellung und Verlag:

BoD – Books on Demand, Norderstedt

ISBN: 978-3-7357-8642-5

Michael Kimmelmann

Der Messe-Wahnsinn

Planloser Aktionismus oder erfolgreicher Auftritt?

33 Praxis-Tipps für Ihren Messe-Erfolg

Auf einer Messe können Sie *wahnsinnig* viel Geld verbrennen, aber auch **wahnsinnig** viel Geld verdienen. Denn nach wie vor sind Messen und Ausstellungen eine hervorragende Möglichkeit, um neue Kunden zu gewinnen und mit Bestandskunden in Kontakt zu bleiben.

Doch nur wer seinen Messeauftritt richtig plant und umsetzt, holt dabei das Beste für sich heraus.

Wie das funktioniert?

Entdecken Sie anhand von 33 praxisnahen Tipps, wie Sie Ihren Auftritt optimieren – und zu einem

Wahnsinns-Erfolg machen.

Inhaltsverzeichnis

Vorwort Britta Wirtz 10

Vorwort Thomas Reich 12

Einleitung 16

Der Wahnsinn 17

Tipp Nummer 1: 18
Definieren Sie Ihr Messe-Ziel

Tipp Nummer 2: 21
Gehen Sie mit dem richtigen Team auf die Messe

Tipp Nummer 3: 24
Wählen Sie die richtige Messe aus

Tipp Nummer 4: 26
Finden Sie Ihren optimalen Standplatz

Tipp Nummer 5: 30
Heben Sie sich mit Ihrem Stand ab

Tipp Nummer 6: 33
Präsentieren Sie sich und Ihre Produkte spannend

Tipp Nummer 7: 36
Sprechen Sie alle Sinne an

Tipp Nummer 8: ……………………………………………………..39
Bieten Sie guten Service am Stand

Tipp Nummer 9: ……………………………………………….…...41
Laden Sie richtig ein

Tipp Nummer 10: ………………………………………………......44
Verteilen Sie kreative Geschenke

Tipp Nummer 11: ……………………………………………….…..47
Verwenden Sie einen Messe-Kontaktbericht

Tipp Nummer 12: ……………………………………………….…..50
Sprechen Sie die Besucher richtig an

Tipp Nummer 13: ……………………………………………….…..53
Führen Sie Ihre Gespräche effektiv

Tipp Nummer 14: ……………………………………………….…..57
Das Messe-Gespräch

Tipp Nummer 15: ……………………………………………….…..60
Das Verhalten der Besucher

Tipp Nummer 16: ……………………………………………….…..62
Reden Sie in Bildern

Tipp Nummer 17: ……………………………………………….…..65
Stellen Sie Fragen, die zum Ziel führen

Tipp Nummer 18: ……………………………………………….…..68
Verwenden Sie die richtigen Fragetechniken

Tipp Nummer 19: 74
Ihre Kleiderordnung

Tipp Nummer 20: 76
Verhalten Sie sich stets professionell

Tipp Nummer 21: 79
Was tun Sie, wenn nichts los ist?

Tipp Nummer 22: 81
Haben Sie Ihr Messe-Handwerkszeug immer zur Hand

Tipp Nummer 23: 86
Drücken Sie bei Ihren Kunden die richtigen Knöpfe

Tipp Nummer 24: 89
Ihre Körpersprache

Tipp Nummer 25: 92
Ihre Stimme

Tipp Nummer 26: 94
Ihre Wortwahl

Tipp Nummer 27: 96
Ihre Wirkung

Tipp Nummer 28: 99
Steigen Sie optimal aus dem Gespräch aus

Tipp Nummer 29: 102
Halten Sie sich während der Messe fit

Tipp Nummer 30: 105
Veranstalten Sie eine Standparty

Tipp Nummer 31: 107
Führen Sie eine Messe-Statistik

Tipp Nummer 32: 110
Bereiten Sie die Messe richtig nach

Tipp Nummer 33: 114
Nutzen Sie eine Messe auch als Besucher

Fazit 116

Über den Autor 117

Das Seminar zum Buch...120

Platz für Ihre Ideen 122

Vorwort von Frau Britta Wirtz
Geschäftsführerin der Karlsruher Messe- und Kongress-GmbH

Wer Messen erfolgreich nutzt, nutzt seinem Unternehmen. Denn wo lässt sich so schnell und gezielt das eigene Produkt am Markt abprüfen?

Wo erfahren Sie so direktes Kunden-Feedback? Wo können Sie so rasch überprüfen, wie Sie im Verhältnis zum Mitbewerb stehen?

Wo können Sie so nah an Ihren Bestandskunden sein und noch weitere bekommen? Wo „bauen" Sie in Miniaturformat Ihre Firma nach und zu welchem Anlass können Sie sich dabei gezielt über Ihre Unternehmens- und Produktziele auch einmal intern austauschen?

All dies gelingt auf und mit Messen, sofern sie gut <u>vor</u>bereitet werden - und <u>nach</u>bereitet.

Denn nach der Messe ist - so wie im Fußball - wieder vor der Messe.

Damit Sie und Ihr ganzes Team davon profitieren, lassen Sie sich mit diesem Buch mit wichtigen Fragen leiten.

Sie werden die richtigen Antworten auf diese Fragen finden.

Ihre

Britta Wirtz, Geschäftsführerin
Karlsruher Messe- und Kongress-GmbH (KMK)

Vorwort von Thomas Reich
Speaker – Coach - Consultant

„Für das genialste Messe Buch der Welt"

Es wurde wirklich Zeit, dass mal einer die ganze Wahrheit schreibt. Leicht und verständlich auf den Punkt. Denn Sie kennen doch den **Wahnsinn**, den Sie als Messe-Besucher erleben.

Außen hui innen pfui. Teuren Schnick-schnack, topgestylte Messestände, schicke Hostessen. Doch auf der anderen Seite, schlafendes völlig unmotiviertes Personal auf dem Stand. Ich hab mir schon den Teller mit den Keksen geschnappt und bin einfach weitergegangen, hat keiner gemerkt.

Wurde Ihnen als Besucher schon mal eine wirklich klare Frage auf einer Messe gestellt? Da werden Sie zugetextet, ob Sie wollen oder nicht. Doch wenn Sie jemanden als klaren Ansprechpartner suchen, Fehlanzeige.

Perspektivenwechsel: Sie sind Aussteller.

Wenn Ihr Standpersonal nicht verkauft, feuern Sie es.

Ja, Sie haben richtig gelesen. Sie können allen eine Chance geben, denn was zu tun ist, um auch auf einer Messe wirklich zu verkaufen, steht in diesem Buch. Ist Ihnen klar, dass jeder auf dem Messestand auch ein Verkäufer ist? Ich wette, das sehen Sie bisher noch nicht so. Doch auch Sie als Inhaber, Geschäftsführer sind Verkäufer. Sie verkaufen Ihre Idee, Ihre Ziele, all das was Sie mit dem Unternehmen in der Zukunft erreichen wollen. Kennen Sie auch die Intention, das WARUM Sie mit Ihrem Unternehmen auf der Messe überhaupt ausstellen?

Stellen Sie sich einmal folgendes vor:

Sie gehen morgens zu Starbucks. Die haben sich in der Nacht überlegt, dass Sie, lieber Kunde, vom leckeren Kaffee nur noch den herrlichen Duft genießen können. Doch verkaufen ist nicht mehr, Sie dürfen noch gucken und riechen.

Sie kennen Apple, auch wenn Sie kein Produkt von Apple haben. Sie kennen das Unternehmen. Stellen Sie sich mal vor, dass Sie in einem Apple Store keines dieser schicken Produkte mehr anfassen dürfen. Es spricht Sie im Store auch keiner mehr an.

Nur gucken, nichts anfassen, nicht sprechen.

Sie wollen sich einen schicken Porsche zulegen. Sie betreten ein Porsche-Zentrum. Was sehen Sie dort? Da blitzen die schicken Sportwagen und Ihre Gefühle fahren Achterbahn. All die schicken Flitzer stehen hinter Glas. Sie können nichts anfassen, nichts spüren und das Leder riechen können Sie auch nicht. Den Verkäufer gibt es nicht, niemand spricht Sie an, Probefahrt keine Chance.

Die Bilder dieser Szenen hatten Sie gerade alle im Kopf. Doch dass diese eine echte Realität werden, können Sie sich niemals vorstellen. Jedenfalls nie bei den drei Unternehmen.

Doch das ist genau das, was Sie bei mindestens 80% aller Messeausteller erleben!
Da wird an jedem Messetag Geld verbrannt.

Siehe Tipp Nummer 13.

Tun Sie sich selbst und Ihrem Unternehmen den Gefallen und setzen Sie jeden Tipp aus diesem Buch einfach in IHRE Praxis um.

Der Autor ist ein authentischer Trainer, der seine Kunden motiviert, damit diese mit mehr Spaß auch mehr verkaufen.

Denken Sie wirklich einmal darüber nach, Michael Kimmelmann als Messe-Partner für Ihr Unternehmen zu holen.

Sonnige Grüße

Thomas Reich

www.thomas-reich.com

Einleitung

Liebe Leserin, lieber Leser,

in diesem Buch geht es um Ihre Praxis, Ihren Erfolg auf den nächsten Messen und Ausstellungen.

Die Tipps sind aus vielen Jahren Messe-Praxis verbunden mit theoretischem Marketingwissen entstanden.

Nehmen Sie dieses Buch als Arbeitsbuch, Sie werden einiges wiedererkennen und auch einige neue Dinge erfahren. Wichtig ist, dass Sie die Tipps in Ihre Praxis umsetzen. Schreiben Sie alles, was Ihnen auffällt oder einfällt direkt in dieses Buch. Nehmen Sie Textmarker und markieren Sie besonders wichtige Punkte. Kleben Sie Post-its an Stellen, die Ihnen gefallen.

Kurz gesagt: Machen Sie aus diesem Buch **IHR** Buch!

Auf den letzten Seiten ist zusätzlich noch Platz für Ihre Notizen und Anmerkungen. Nutzen Sie auch dies für konkrete Ideen und Umsetzungspunkte.

Zur besseren Lesbarkeit habe ich mich für die männliche Form von Kunden, Besuchern, etc. entschieden. Selbstverständlich sind hier immer auch Kundinnen, Besucherinnen und Verkäuferinnen, etc. gemeint.

Der Wahnsinn

Dass es in diesem Buch um den Wahnsinn geht, haben Sie sicherlich schon bemerkt.

Wahnsinn im positiven Sinn, aber manchmal eben auch *Wahnsinn* im negativen Sinn.

Eine Messe oder Ausstellung ist immer eine Form von Wahnsinn. In der Vorbereitung, der Durchführung, bei den Kosten…….und hoffentlich auch beim Erfolg.

Wir strengen uns **wahnsinnig** an und abends tun uns *wahnsinnig* die Füße weh.

Immer wenn Sie das Wort ***Wahnsinn oder wahnsinnig fettgedruckt und kursiv*** finden, geht es um Dinge, die Sie auf jeden Fall vermeiden sollten.

Ist **Wahnsinn oder wahnsinnig** jedoch **fettgedruckt und unterstrichen,** dann ist seine Bedeutung positiv und Sie sollten diese Dinge besonders beachten.

Jetzt wünsche Ich Ihnen viel Spaß beim Lesen und **wahnsinnig** viel Erfolg bei der Umsetzung.

Ihr

Michael Kimmelmann

Tipp Nummer 1:

Definieren Sie Ihr Messeziel

Jede Aktion ohne klares Ziel ist sinnlos. Machen Sie sich deshalb **vor** jeder Messe klar, aus welchen Gründen Sie an der Messe teilnehmen wollen.

Viele Firmen gehen einfach nur deshalb auf eine Messe, weil sie es schon immer so gemacht haben. Oder weil alle wichtigen Mitbewerber auch da sind. Das ist nicht wirklich ein klares Ziel.

Das ist einfach der ***Wahnsinn.***

Stellen Sie sich also folgende Fragen:

- Was ist Ihre tatsächliche Intension für Ihren Messeauftritt?
- Was genau wollen Sie erreichen?
- Was genau soll Ihnen die Messe bringen?
- Wofür lohnt sich der ganze Aufwand?
- Ab wann ist die Beteiligung rentabel?
- Wollen Sie kurzfristig oder langfristig Gewinn aus der Messe ziehen?

Für eine Messebeteiligung kann es viele verschiedene Gründe geben:

- Neukundenakquise
- Bestandskundenpflege
- Direkter Umsatz/Verkauf
- Marktforschung
- „Gesehen werden" - Image
- Neue Produkte präsentieren
- Bekanntheitsgrad erhöhen
- Erschließung neuer Märkte

Überlegen Sie mit Ihrem Messeteam genau, was Ihr Ziel ist und machen Sie es konkret.

Verwenden Sie dafür die SMART-Formel für konkrete Zielplanung.
Ein „smartes" Ziel hat die folgenden Eigenschaften:

S	spezifisch
M	messbar
A	attraktiv
R	realistisch
T	terminiert

Wie viel Umsatz wollen Sie direkt auf der Messe machen?

Wie viele Aufträge sollen geschrieben werden?

Wie viele Gespräche mit Neukunden/ Bestandskunden wollen Sie führen?

Wie viele Termine vereinbaren Sie auf der Messe?

Wie viele neue Kontakte generieren Sie?

Wie viele Anfragen wollen bzw. können Sie nach der Messe bearbeiten?

Wie hoch ist Ihr Budget?
(Gesamt/Standkosten/Personalkosten/Werbekosten/)

Ihre Ziele sollten zwischen den Punkten „attraktiv" und „realistisch" liegen. Ist ein Ziel zu sehr attraktiv, dann ist es oft sehr unrealistisch. Das führt schnell zu Demotivation. Ist es dagegen zu sehr realistisch, dann ist es meist nicht so sehr attraktiv.

Ganz egal was auch immer Ihr Ziel ist, ob Sie einen neuen Kunden gewinnen wollen oder einhundert, machen Sie es **vor** der Messe konkret!

Denn: „Messe heißt verkaufen."

Tipp Nummer 2:

Gehen Sie mit dem richtigen Team auf die Messe

Für Ihren erfolgreichen Messe-Auftritt ist ein top-motiviertes Team zwingend erforderlich.

Informieren Sie Ihre Mitarbeiter rechtzeitig über die Messe und binden Sie diese so gut wie möglich in die Planung mit ein. Siehe auch Tipp Nummer 1

Vergeben Sie hier an Ihr Team Verantwortungsbereiche wie z.B.:

- Messevorbereitung allgemein
- Kundenansprache
- Gesprächsführung
- Verpflegung am Messestand
- Standplanung
- Einsatzplan
- Aufbau- / Abbauteam
- Messenachbereitung
- Motto/Thema
- Geschenke
- Einladung

Verantwortung ist wichtig. Achten Sie darauf, die Verantwortung so zu verteilen, dass bei dem jeweiligen Mitarbeiter echte Motivation entsteht. Denn Motivation ist für Ihren Messeerfolg **wahnsinnig** wichtig!

Machen Sie im Vorfeld eine Besprechung und verteilen Sie hier die Aufgaben.

Auch ein Brainstorming kann hier helfen, um alle möglichst gut in das Messeprojekt mit einzubinden. Für eigene Ideen setzt man sich immer stärker ein als für vorgegebene.

Für alle Mitarbeiter, auch für die nicht direkt an der Messe beteiligten, sollte klar sein, welche Bedeutung die Beteiligung für das Unternehmen hat. Viele sehen eine Messe als „Firmenausflug" oder eine willkommene Abwechslung zum Arbeitsalltag. Die Realität sieht oft anders aus.

Drei, vier, fünf oder mehr Tage, an denen man von morgens bis abends steht, freundlich lächelt und Kunden bedient, können ganz schön anstrengend sein.

Sorgen Sie dafür, dass sich das Standpersonal dennoch möglichst wohl fühlt. Nur wem es körperlich und geistig gut geht, der kann auch gut beraten und somit auch gut verkaufen.

Ausreichend Pausen und geregelte Essenzeiten sind hier **wahnsinnig** wichtig.

Viele Mitarbeiter wünschen sich einen Ausgleich für die Wochenendarbeit auf der Messe. Sprechen Sie **vorher** an, was sich jeder einzelne als Ausgleich vorstellt.

Steigern können Sie die Motivation u.a. durch:

- Anerkennung
- Wertschätzung
- Lob, Lob, Lob
- Sonderurlaub
- Prämien (z.B. pro Gespräch oder pro Neukunde)
- Umsatzbeteiligungen
- Incentives
- Auszeichnungen wie z.B. Tagessieger oder Messesieger (Anzahl der Gespräche, Umsatz, Aufträge, Neukunden)

Mit dem richtigen Team steht und fällt der Messe-Erfolg! Zeigen Sie dies deutlich durch **wahnsinnig** viel Anerkennung!

Machen Sie Ihrem Team klar, dass Messe Verkaufen ist und dass Verkaufen Umsatz bringt.

Tipp Nummer 3:

Wählen Sie Ihre richtige Messe aus

In Deutschland gibt es eine Vielzahl von Messen und Ausstellungen. Nicht jede ist hier genau für Sie und Ihre Bedürfnisse geeignet. Wählen Sie entsprechend Ihrem Messeziel aus, auf welcher Messe Sie dieses Ziel wohl am besten erreichen können.

Dies ist von natürlich von verschiedenen Faktoren abhängig:

Wollen Sie Endverbraucher, Wiederverkäufer oder Großabnehmer ansprechen?

Ist Direktverkauf Ihrer Produkte möglich?

Welche Branche ist Ihr Hauptabnehmer?

Wo sind Ihre Kunden unterwegs?

Was interessiert Ihre Kunden noch?

Wo stellen Ihre Mitbewerber aus?

Wann und wo findet die Messe statt?

Wie hoch ist der Quadratmeterpreis?

Mit welchen Zusatzkosten ist zu rechnen?

Welches Publikum ist auf der Messe zu finden?

Es macht natürlich Sinn, auf diese Messen zu gehen, auf denen auch Ihre Hauptmitbewerber ausstellen.
Da suchen die Besucher nach Ihren Produkten und Sie können leicht neue Kunden finden.

Vielleicht gehen Sie aber auch einmal auf eine branchenfremde Messe, um als einziger Anbieter vor Ort zu sein.
Seien Sie hier kreativ und wägen Sie alle Vor- und Nachteile ab.

Messe-Arten:

- Fachmesse, Publikumsmesse
- Ordermesse, Direktverkaufsmesse
- Gewerbeschau, Ausstellung
- Informationsmesse
- Internationale/Nationale/Regionale Messe
- Kongresse

Tipp Nummer 4:

Finden Sie Ihren optimalen Standplatz

Bei der Wahl des Standortes kommt es vor allem darauf an, Ihren Messe-Stand möglichst vielen Besuchern zugänglich zu machen.

Hier spielen Laufwege, die Umgebung und die Art des eigenen Standes eine große Rolle.

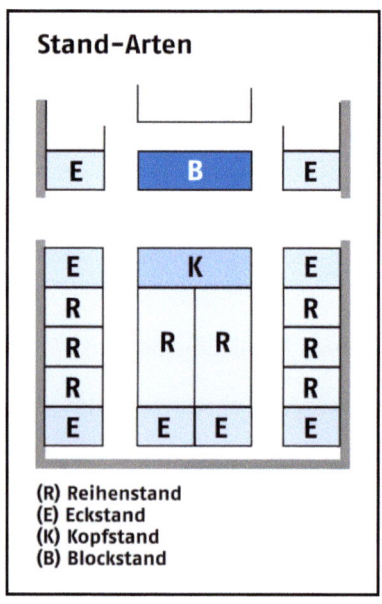

Quelle: AUMA e.V.

Die verschiedenen Stand-Arten:

- Reihenstand:
  Eine Seite offen zum Gang und drei Seiten zu Nachbarständen oder zur Wand
- Eckstand:
  Zwei Seiten offen an Gängen und zwei Seiten zu Nachbarständen oder zur Wand
- Kopfstand:
  Drei Seiten offen an Gängen und eine Seite zum Nachbarstand oder zur Wand
- Blockstand:
  Alle vier Seiten offen

Der Quadratmeterpreis ist umso höher, je mehr Seiten offen sind! Dafür ist auch die Publikumsfrequenz höher und Sie werden von mehreren Seiten gesehen.

Orientieren Sie sich hier an Ihren Messe-Zielen und hier besonders an dem Umsatzziel.

Je höher die Frequenz an Ihrem Stand ist, desto höher ist normalerweise auch Ihr Umsatz. Dies ist natürlich auch noch abhängig von den Produkten, die Sie ausstellen.

Folgende Stellen und Einrichtungen sollten Sie bei Ihrer Wahl auf jeden Fall berücksichtigen:

- Ein- und Ausgänge
- Toiletten
- Restaurants
- Besucher-Lounge
- Freie Plätze
- Pressebüro
- Mitbewerber
- Rolltreppen und Fahrstühle
- Aktionsbühnen

Beobachten Sie genau, wo die Besucher entlang laufen und welches die Hauptlaufrichtung ist. Bei der nächsten Messe sollten Sie dies dann entsprechend berücksichtigen.

Gehen Sie zum ersten Mal auf diese Messe, schauen Sie sich den vorläufigen Messeplan genau an. (Diesen erhalten Sie von der Messe-Organisation). Überlegen Sie, wo Ihr Stand sinnvoll dazu passt und wie Sie selbst als Besucher laufen würden.

Wenn Sie eine Messebeteiligung planen, empfiehlt es sich, die Messe vorab einmal zu besuchen. Alternativ können Sie auch Ihre Kunden befragen, auf welche Messen diese gehen.

Stände auf der rechten Seite werden meist besser beachtet! Wir schauen unbewusst meistens nach rechts.

Das hat damit zu tun, dass die meisten Menschen Rechtshänder sind. Wir laufen lieber gegen den Uhrzeigersinn. Dabei ist auch unsere „Greifhand" außen. So fühlen wir uns wohler und sicherer und bleiben länger am Stand.

Wählen Sie also einen Stand, der in Laufrichtung rechts ist und gestalten Sie Ihren Stand ebenfalls nach dieser Methode.

Tipp Nummer 5:

Heben Sie sich mit Ihrem Stand ab

Bei der Gestaltung des Standes gibt es viele Punkte, die Sie beachten sollten, um möglichst viel Aufmerksamkeit unter den Besuchern zu erreichen.

Ihr Stand sollte auffallen und immer noch zu Ihrem Unternehmen und Ihren Produkten passen. Überlegen Sie sich im Vorfeld mit Ihren Mitarbeitern ein Motto für die Messe und gestalten Sie dann entsprechend den Auftritt.

Sie können sich hier an der Jahreszeit, besonderen Anlässen oder an speziellen Produkten orientieren. Ein Motto könnte z.B. ein bestimmtes Land sein, aus dem Sie Produkte beziehen oder in dem Ihre Firma ihren Sitz hat. Mit viel Kreativität und einem Brainstorming unter Ihren Mitarbeitern finden Sie sicher etwas Passendes.

Orientieren Sie sich auch an den „Vier A´s":

<u>Anders Als Alle Anderen</u>

Auf der Messe haben Sie meist nur wenige Sekunden Zeit, um auf sich und Ihre Produkte aufmerksam zu machen, nutzen Sie diese Sekunden gut!

An Ihr Motto passen Sie dann die Standgestaltung und auch die Outfits des Personals an. Zeigen Sie Mut zur Kreativität.

Sie finden die Idee mit einem Motto nicht so gut?

Oder das passt nicht zur Firmenphilosophie?

Dann behalten Sie auch auf der Messe Ihr CI, Ihre corporate identity bei.

Treten Sie in den Firmenfarben auf, schreiben Sie Ihren Firmennamen und Ihr Logo **GROSS** über den Messe-Stand.

Stellen Sie sich nur vor, dass Besucher auf der Messe waren und Sie nicht gefunden bzw. gesehen haben. Also fallen Sie positiv auf!

Ein „Kundenstopper" oder Werbebanner helfen dabei.

Fragen Sie bei der Messeleitung nach, was hier erlaubt ist.

Viele Stände, die ich bei meinen Messebesuchen gesehen habe, sparen an der Beleuchtung.

Setzen Sie sich und Ihre Produkte ins rechte Licht! Das heißt, sorgen Sie für ausreichend Beleuchtung. Achten Sie darauf, dass die Besucher nicht geblendet werden, investieren Sie hier in ein professionelles Equipment, das zahlt sich aus.

Ein dunkler Stand wirkt in der Regel wenig einladend, helle Farben mit passender, gezielter Beleuchtung schon.

Eine kleine Farblehre finden Sie in Tipp Nummer 7.

> Gestalten Sie Ihren Stand also **wahnsinnig** schön.

Tipp Nummer 6:

Präsentieren Sie sich und Ihre Produkte spannend

Planen Sie Ihren Stand möglichst offen und übersichtlich, denn Sie wollen sich ja auch zeigen. Ein verbauter Messe-Stand macht Sie unsichtbar und schreckt im schlimmsten Fall Besucher ab.

Ihre Kunden sollen sich auch gut bewegen können, wird es zu eng, verlassen viele die Ausstellungsfläche ohne etwas zu kaufen oder ein Gespräch zu suchen.

Ihre Gäste sollen sich wohl fühlen. Hierzu können Sie verschiedene Bereiche schaffen:

- Präsentationfläche
- Besprechungsbereiche
- Nebenräume (Lager, Küche)
- Gastronomiebereich
- Sitzmöglichkeiten

Optimal ist es, wenn Ihre Kunden wie durch einen Rundgang geführt werden. Damit stellen Sie sicher, dass alle Produkte bzw. Produktbereiche gesehen werden.

> Siehe auch Tipp Nummer 4: Laufrichtung

Wenn Sie sehr unterschiedliche Produktbereiche präsentieren empfiehlt es sich, diese thematisch zu trennen. Dies hilft den Besuchern, sich zu orientieren und schnell das Richtige zu finden.

Weniger ist auch hier mehr.

Schon durch die Vielzahl der Aussteller auf der Messe ist der Besucher stark gefordert. Wenn Sie ihm keine klare Struktur und Linie vorgeben können, verlässt er Sie sehr schnell wieder.

Schaffen Sie also Übersichtlichkeit. Verwenden Sie Schilder und Beschreibungen. Wenn viel los ist, kann sich nicht gleich um jeden Interessenten ein Verkäufer/Mitarbeiter kümmern.

Hier hilft es sehr, wenn sich Ihre Besucher durch selbsterklärende Beschreibung einen ersten Überblick verschaffen können.

Verwenden Sie unterstützende Videos oder Präsentationen. Bewegte Bilder aktivieren das Gehirn und erhöhen die Aufnahmefähigkeit. Wenn sich etwas bewegt, schauen wir hin!

Dadurch bleiben mehr Besucher vor Ihrem Stand stehen und nehmen Sie und Ihre Produkte besser wahr.

Zusätzlich haben die Videos und Präsentationen noch den Effekt, dass Sie Anwendungsmöglichkeiten Ihrer Produkte zeigen können.

Sie erreichen somit Interessenten, die Ihre Produkte zuerst für nicht so **wahnsinnig** interessant hielten.

Für die Themen Standbau und Standgestaltung kann es sich auch lohnen, eine professionelle Firma zu beauftragen.

Diese haben mehr Erfahrungen und Sie können Ihre Ressourcen sinnvoller einsetzen. Prüfen Sie also, ob das für Sie auch eine gute Alternative sein kann.

Wahnsinnig wichtig, egal wie Sie Ihren Stand gestaltet haben, es gilt immer die Regel:

Verkäufer gehören vor den Stand!

Tipp Nummer 7:

Sprechen Sie alle Sinne an

Der Messe-Stand ist vergleichbar mit der Visitenkarte Ihres Unternehmens. Er soll Augen und Ohren sowie die emotionale Seite der Besucher ansprechen.

Sie können also zusätzlich zu den Videos und Präsentationen auch noch leise Musik laufen lassen, um so noch mehr Aufmerksamkeit zu erreichen. Passen Sie auch diese an Ihr Unternehmen bzw. an Ihre Produkte an.

Ein weiterer Punkt ist auch noch der Geruchsinn, den Sie über Duftmarketing entsprechend aktivieren können. Nehmen Sie hier angenehme, dezente Düfte, um das Wohlbefinden Ihrer Kunden zu steigern. Gerüche beeinflussen direkt das limbische System und sind damit stark mit unseren Gefühlen und dem Gedächtnis verbunden. So hat z.B. die Deutsche Bahn einen Test mit Jasminduft durchgeführt und damit die Kundenzufriedenheit deutlich gesteigert.

Lassen Sie sich von Experten beraten, wie Sie Düfte auf der Messe einsetzen können. Durch die großen Hallen und die vielen verschiedenen Düfte aus der Umgebung ist die richtige Anwendung **wahnsinnig** wichtig.

Optische Akzente setzen Sie durch Farben. Wählen Sie diese auch entsprechend Ihrem Image.

Auf der einen Seite sind dies natürlich Ihre Firmenfarben, bei den Standmöbeln und der Wandgestaltung sollten Sie produktspezifische Eigenschaften farblich verstärken.

Kleine Farbkunde:

- Blau: *Sicherheit, Vertrauen*
- Gelb: *Aufmerksamkeit, Wärme*
- Grün: *beruhigend, positiv*
- Gold, Silber: *edel, Qualität, Beständigkeit*
- Schwarz: *edel, Kompetenz*
- Weiß: *Klarheit, Ehrlichkeit, schlicht*
- Rot: *Signalwirkung*
- Pastelltöne: *Wohlfühleffekt*
- Orange*: fröhlich, heiter, kreativ*

Farben lösen immer bestimmte Emotionen aus. Spielen Sie damit.

Mit dem Fußboden grenzen Sie sich vom Nachbarstand oder von den Gängen ab. Wählen Sie auch hier die Farbe und Qualität entsprechend den ausgestellten Produkten.

Gestalten Sie den Stand harmonisch, stellen Sie z.B. Pflanzen und passende Dekorationsartikel auf.

Je wohler sich Ihr Interessent fühlt, desto länger bleibt er bei Ihnen. Kunden kaufen emotional, also wecken Sie Emotionen bei Ihren Kunden.

Erzählen Sie mit Ihrem Stand Geschichten.

Tipp Nummer 8:

Bieten Sie Service am Stand

Begrüßen und behandeln Sie Ihre Kunden und Interessenten wie Gäste.

In Tipp Nummer 6 zum Thema Standaufteilung haben wir über Besprechungsbereiche und einen Servicebereich gesprochen.

Überlegen Sie im Vorfeld, was Sie Ihren Gästen anbieten wollen:

- Sekt
- Kaffee
- Wasser
- Bier
- Cocktails
- Saft, Cola, Fanta
- Snacks
- Fingerfood
- Gebäck
- Würstchen
- Etc.

Passen Sie sich auch hier wieder an Ihr Firmenimage, ihre Produkte und die Art der Messe an.

Es geht nicht darum, den Besuchern ein komplettes Mittagessen zu bieten, sondern um kleine Aufmerksamkeiten.

Sie bieten Ihren Kunden etwas an und bekommen dafür etwas sehr Wertvolles zurück:

Seine Zeit!

Das Prinzip kennen wir alle von Kindergeburtstagen. Versetzen Sie sich doch bitte einmal kurz zurück in Ihre Kindheit:

„Wenn Du irgendwo eingeladen warst, hattest du auch die „Verpflichtung", dieses Kind zu Deinem Geburtstag einzuladen."

Geben und Nehmen.

Durch die Einladung zu einem Kaffee usw. fühlt sich Ihr Gast auch verpflichtet, etwas an Ihrem Stand zu verweilen und sich Ihre Produkte zu betrachten.

Solange er Ihr Glas oder Ihre Tasse in der Hand hält, bleibt er normalerweise bei Ihnen.
Diese Zeit können Sie nutzen, um klare Fragen zu stellen und ihn von Ihren Produkten oder Dienstleistungen zu überzeugen.

Tipp Nummer 9:

Laden Sie richtig ein

Der Erfolg Ihrer Messe beginnt schon weit vor dem tatsächlichen Termin.

Zur richtigen Vorbereitung gehört auch, dass Sie Ihre Kunden und Interessenten einladen.

Die Frage ist nur: „WIE?"

Beginnen Sie, sobald Ihre Messebeteiligung feststeht, in Ihrer Geschäftskorrespondenz auf Ihre Teilnahme hinzuweisen. Wenn schon der genaue Standplatz bekannt ist, machen Sie auch diesen bekannt.

Viele Messeorganisatoren unterstützen Sie hierbei mit meist kostenlosen Werbemitteln wie z.B. Aufklebern mit dem Text „Wir stellen aus" oder Ähnlichem.

Zusätzlich sollten diese Informationen auch auf Ihrer Homepage stehen.

Sie können sich auch selbst Karten drucken lassen, auf denen alle Messebeteiligungen der laufenden Saison stehen. Diese verteilen Sie dann auf allen Messen, mit Ihrer Geschäftspost und in den Paketen.

Wenn Sie über eine Kundendatenbank verfügen, schreiben Sie alle Kontakte an und laden Sie diese persönlich mit einem Brief ein.

(Sollten Sie über keine Datenbank verfügen, beginnen Sie jetzt damit, sich eine anzulegen!)

Eine persönliche Einladung wirkt noch einmal viel stärker als alle anderen Kanäle. Dies kann über den Außendienst oder durch Telefonate erfolgen. Wenn Sie nicht über genügend eigenes Personal verfügen, lassen Sie dies durch ein Call-Center durchführen.

Um den Effekt noch zu verstärken, senden Sie Freikarten mit. Auch diese bekommen Sie gratis oder ermäßigt von vielen Veranstaltern.

Hier kommt wieder der Kindergeburtstag-Effekt zum Tragen.

Sie verschenken etwas und der Empfänger fühlt sich „verpflichtet", auch etwas zurückzugeben. In den meisten Fällen wird er dann zumindest kurz an Ihren Stand kommen und sich für die Karten bedanken.

So haben Sie dann die Möglichkeit, ein kurzes Gespräch zu führen und ein paar Fragen zu stellen.
Auf jeden Fall wird er positiv über Sie reden und Sie weiterempfehlen.

Ich selbst habe das auch oft erlebt. Wir haben immer im großen Stil Freikarten verschickt und es kamen oft Leute zu uns an den Stand, nur um sich zu bedanken. Das ist **wahnsinnig** schön.

Die erste Einladung versenden Sie ca. 4-5 Wochen vor dem Messetermin.

In der Woche vor der Messe können Sie dann noch einmal an den Termin erinnern. Da reicht dann auch eine kurze Email.

Wichtige Kunden und Interessenten sollten Sie kurz anrufen, um an die Messe zu erinnern, bzw. direkt Gesprächstermine zu vereinbaren. So haben Sie gleich Termine und diese können Sie ja in erfahrungsgemäß ruhige Zeiten legen.

Ein Telefonat ist in jedem Fall verbindlicher als eine E-Mail.

Auch mit Pressemitteilungen können Sie auf Ihre Messebeteiligungen aufmerksam machen. Nutzen Sie hier Branchenzeitschriften und Publikationen des Messeveranstalters.

Tipp Nummer 10:

Verteilen Sie Geschenke

„Kleine Geschenke erhalten die Freundschaft"

Wenn Sie Ihre Kunden zu „Freunden" machen wollen, dann schenken Sie Ihnen etwas.

Überlegen Sie sich, was Sie Ihren Besuchern auf der Messe als kleines Willkommens-Geschenk überreichen können.

Orientieren Sie sich an Ihrem Messe-Motto oder an Ihren Produkten. Eine Kleinigkeit reicht aus. Auch hier kommt es nur auf die Geste an.

Sie können das Geschenk auch in Ihrem Einladungsschreiben ankündigen und z.B. einen Gutschein mitschicken der dann am Messe-Stand gegen das Geschenk eingelöst werden kann.

Wichtig ist, dass Sie hier **wahnsinnig** kreativ sind.

Lassen Sie das ebenfalls Ihre Mitarbeiter mitbestimmen. In das Brainstorming zum Messe-Motto bzw. zur allgemeinen Planung binden Sie die Suche nach geeigneten Geschenken mit ein.

Sie werden erleben, welch **wahnsinnigen** Spaß Ihr Team dabei hat und welche tollen Ideen dabei herauskommen. Hier ein paar Anregungen:

- Tüte mit Ihrem Firmenlogo und Produktproben
- Miniaturen Ihrer Produkte
- Kaffeetassen mit Logo
- USB-Stick mit Firmenpräsentation
- Hochwertige Schokolade mit Aufdruck
- Schlüsselanhänger
- T-Shirts, Baseball-Caps, etc.
- Personalisierte Geschenke (bei Top-Kunden)
- Werbemagnete (damit wir in Kontakt bleiben)
- Getränkedosen mit Logo und Slogan
- Wellnessprodukte (wir kümmern uns, Sie können entspannen)

Heben Sie sich wieder von der Masse ab! Kugelschreiber und Gummibärchen gibt es an jedem zweiten Stand. Wer will die aber noch essen?

Sie können auch einfach Gutscheine für einen Snack oder ein Essen mit der Messeeinladung verschicken. Dies wird dann wie eine Einladung zum Essen gewertet und dies ist immer sehr gut für den Vertrauensaufbau geeignet.

Für hochwertigere Geschenke empfiehlt es sich, einen Gutschein zu verschicken oder auf Messe zu verteilen. Dann kommen die Besucher zu Ihnen an den Stand, um sich das Geschenk abzuholen. Somit haben Sie auch wieder die Chance auf ein Gespräch.

Eine sehr kreative Idee ist, die Hälfte des Geschenkes mit der Einladung zu versenden und die andere Hälfte dann am Stand auszugeben.

Das steigert das Interesse an Ihnen und Sie bekommen mehr Besucher.

    Es sollte natürlich einfach umzusetzen sein.

Tipp Nummer 11:

Verwenden Sie einen Messe-Kontaktbericht

Wahnsinnig wichtig ist es, einen guten Kontaktbericht nach jedem Gespräch zu führen. Entwickeln Sie hierfür eine Vorlage, die dann von jedem Mitarbeiter am Stand verwendet wird.

Die Zeit auf der Messe ist knapp und teuer. Gerade wenn viel los ist und Ihre Verkäufer viele Gespräche führen, sollten Sie die wichtigsten Daten schnell und einfach erfassen können. Vorgegebene Antworten zum Ankreuzen helfen und machen die Berichte auch für die Auswertung lesbarer. Zusätzliche Punkte und Bemerkungen können dann noch schnell handschriftlich ergänzt werden.

Wichtige Informationen sind unter anderem:

- Bestandskunde/Neukunde/Interessent
- Branche
- Firmengröße
- Bedarf an:_____ ungefähre Menge:_____
- Ungefährer Bedarfszeitpunkt
- Gesprächspartner/ Ansprechpartner
- Wo kauft er bisher
- Weitere Schritte

Messe-Kontaktbericht		
Mitarbeiter:		Datum:
Adresse / Anschrift	**Platz für Visitenkarte**	
Name	☐ Kunde ☐ Neukunde ☐ Interessent	
	☐ A ☐ B ☐ C -Potenzial	
Firma		
Adresse		
Telefon		
Fax		
E-Mail		
Position	**Art/Branche**	**Bedarf/Interesse an:**
☐ Geschäftsf./ Inhaber ☐ Abteilungsleiter ☐ sonstige Entscheider ☐ Sachbearbeiter ☐ Berater ☐ Vertreter ☐	☐ Großhandel ☐ Einzelhandel ☐ Importeur ☐ Exporteur ☐ Verarbeiter ☐ Dienstleister ☐	☐ Produkt A ☐ Produkt B ☐ Produkt C Ungefähre Menge
Bisheriger Lieferant:		
		Bedarfszeitpunkt:
Gesprächsverlauf/Bemerkungen		

Ergebnis	
Überreicht: ☐ Katalog ☐ Preisliste ☐ Muster ☐	Weitere Schritte: ☐ Termin vereinbaren ☐ Katalog/Preisliste senden ☐ Außendienst informieren ☐ Muster senden

Dieser Bericht ist ein Beispiel, wie so etwas aussehen kann.

Ergänzen Sie das entsprechend Ihren Bedürfnissen. Der Kontaktbericht soll Ihnen schon auf der Messe helfen, eine schnelle und effektive Nachbereitung vorzubereiten.

Es geht hier darum, den Gesprächspartner schnell zu klassifizieren und dem Innendienst die Nachbearbeitung zu erleichtern.

Natürlich können Sie sich auch von der Technik unterstützen lassen. Verwenden Sie hierzu Tablets, PDA´s oder Visitenkartenscanner um die Daten Ihrer Kunden schnell und einfach zu erfassen.

Tipp Nummer 12:

Sprechen Sie die Besucher richtig an

Sie haben alle Vorbereitungsmaßnahmen professionell erledigt. Der Stand ist perfekt ausgestattet, Ihre Mitarbeiter sind motiviert.

Die Messe-Tore öffnen sich, meist werden alle Aussteller und Besucher über eine Lautsprecherdurchsage begrüßt und….los geht´s!

Aber wie???

Versetzen Sie sich in die Lage eines Besuchers: Sie kommen mit dem Auto vielleicht etwas gestresst an oder Sie sind bequem am Vorabend oder mit der Bahn angereist. Der eine ist also schon vor dem Eintritt *wahnsinnig* genervt, der andere sehr entspannt.

Jetzt ist es wichtig, den Kunden richtig „abzuholen"! Aus seiner momentanen emotionalen Verfassung.

Geben Sie den Besuchern etwas Zeit, sich zu akklimatisieren, also wirklich anzukommen.

Kennen Sie diese Verkäufer, die einen schon *wahnsinnig* „nerven", sobald Sie nur in ihre Richtung schauen?

Die Besucher wollen sich erst einmal orientieren, sich umschauen. Diese Chance lassen wir Ihnen.

Nehmen wir einmal zwei Situationen an:

1. <u>Ein Besucher schaut sich Ihren Stand an.</u>

    Signalisieren Sie ihm mit einem Lächeln, dass Sie ihn bemerkt haben.
    Warten Sie ein bis zwei Minuten und nehmen Sie dann erneut Blickkontakt auf.

    Sie können dann natürlich die Standardfragen stellen wie z.B.:

    „Was kann ich für Sie tun?" oder
    „Wie kann ich Ihnen weiterhelfen?"
    Wenn er darauf antwortet, dass er sich nur Umschauen möchte, sagen Sie:
    „Sehr gerne, wenn Sie Unterstützung brauchen, bin ich gerne für Sie da!"

    Oder besser:

    „Wie gefällt Ihnen denn unser Messestand?"
    „Was gefällt Ihnen denn am besten?
    „Was interessiert Sie denn hier genau?"

2. <u>Ein Besucher schaut sich ein spezielles Produkt an.</u>

Auch hier begrüßen Sie den Besucher mit einem freundlichen Lächeln und lassen ihm etwas Zeit.

Danach können Sie ihn direkt auf das Produkt ansprechen und ihm eine Frage dazu stellen, schon Sie sind im Gespräch. Beispiele:

„Wie gefällt Ihnen unser neues Produkt?"
„Das ist unser neues Produkt, was darf ich Ihnen dazu erklären?"
„Was interessiert Sie denn besonders?"

Sie können auch mit einer Vorannahme starten und hier gleich einen Kundennutzen ansprechen:

„Es ist sicherlich interessant für Sie, zu erfahren wie Sie mit unseren Produkten/Dienstleistung Geld einsparen können. Schenken Sie mir 5 Minuten Ihrer kostbaren Zeit und ich erkläre es Ihnen."

Diesen Einstieg können Sie auf jeden Ihrer Nutzen anwenden. Es bedarf nur etwas Mut, es einmal anders zu machen.

Tipp Nummer 13:

Führen Sie Ihre Gespräche effektiv

Haben Sie sich einmal ausgerechnet, was Ihnen ein Gespräch mit einem Kunden oder einem Interessenten auf der Messe kostet?

Was schätzen Sie, wie teuer eine „Messe-Minute" ist?

Um das auszurechnen, schauen wir uns zunächst einmal an, wie sich die Messekosten zusammensetzen:

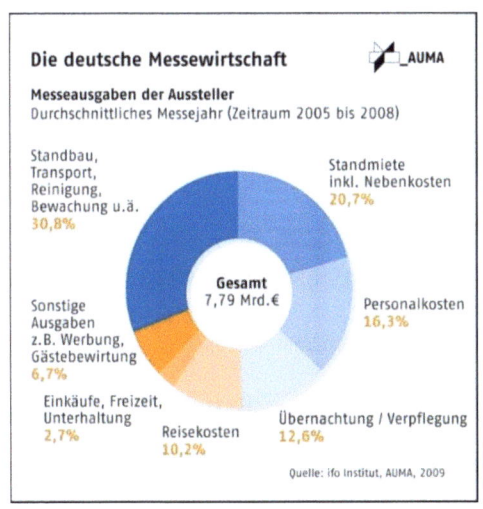

Da die Gesamtkosten je nach Branche sehr unterschiedlich sind, nehmen wir für die Berechnung einmal drei unterschiedliche Beispiele.

Ein durchschnittliches Gespräch dauert zwischen 20 und 30 Minuten. Mit Pausen und „Leerlaufzeiten" kommt ein Mitarbeiter also auf durchschnittlich 16 Gespräche pro Messetag.

Beispielrechnung 1:

Messegesamtkosten: 300.000 Euro

10 Mitarbeiter an 4 Messetagen

Kosten pro Gespräch:

16 Gespräche x 10 Mitarbeiter x 4 Tage = 640 Gespräche

300.000 Euro / 640 Gespräche

= *wahnsinnige* 468,75 Euro pro Gespräch

Oder der Minutenpreis bei einem 9 Std. Messetag:

9 Stunden á 60 Minuten x 4 Tage = 2160 Messeminuten

300.000 Euro / 2160 Minuten = 138,89 Euro pro Minuten

Beispielrechnung 2:

Messegesamtkosten: 100.000 Euro

5 Mitarbeiter an 3 Messetagen

Kosten pro Gespräch:

16 Gespräche x 5 Mitarbeiter x 3 Tage = 240 Gespräche

100.000 Euro / 240 Gespräche

= *wahnsinnige* 416,67 Euro pro Gespräch

Kosten pro Minute:

9 Stunden á 60 Minuten x 3 Tage = 1620 Messeminuten

100.000 Euro / 1620 Minuten

= 61,75 Euro pro Minute

Beispielrechnung 3:

Messegesamtkosten: 20.000 Euro

2 Mitarbeiter an 3 Messetagen

Kosten pro Gespräch:

16 Gespräche x 2 Mitarbeiter x 3 Tage = 96 Gespräche

20.000 Euro / 96 Gespräche

= *wahnsinnige* 208,34 Euro pro Gespräch

Kosten pro Minute:

9 Stunden á 60 Minuten x 3 Tage = 1620 Messeminuten

20.000 Euro / 1620 Minuten

= 12,35 Euro pro Minute

Sie sehen, wie wertvoll die Zeit auf der Messe ist, also nutzen Sie diese effektiv.

Führen Sie Ihre Gespräche kurz und zielführend und klären Sie langwierige Dinge lieber in Ruhe nach der Messe direkt beim Kunden.

Hier liegt sehr viel Potenzial und es ist immer wieder zu beobachten, wie leichtfertig das auf einer Messe verschwendet wir. Das ist *Wahnsinn!*

Tipp Nummer 14:

Ihr Messe-Gespräch

Nach der Gesprächseröffnung sollten Sie sehr schnell herausfinden, ob der Besucher ein potentieller Kunde ist oder nicht. Zeigt er wirkliches Interesse oder schaut er nur. Es ist in dieser Phase sehr wichtig, den Gesprächspartner zu qualifizieren. Wir haben ja schon ausgerechnet, was eine Minute auf der Messe kostet.

Diese wertvolle Zeit sollten Sie nur mit wirklichen potenziellen Kunden verbringen und nicht etwa mit Kollegen von der Konkurrenz oder Katalog- bzw. Souvenirsammlern. Sehen Sie diese Zeit als Investition.

Um die Besucher etwas besser zu verstehen, schauen wir uns einmal Gründe an, aus denen ein Messebesucher ein Ansprechen vermeiden will:

- Die Angst, etwas kaufen zu müssen
- Schlechte Erfahrungen
- Kein Vertrauen
- Wenig Zeit
- Reizüberflutung

Wenn Sie diese Gründe kennen, fällt es Ihnen leichter, mit einem Interessenten ins Gespräch zu kommen. Machen Sie auch hier wieder den Perspektivenwechsel.

„Wie möchte ich gerne angesprochen/ bedient/ beraten werden?"

Klar sind alle Menschen verschieden und jeder möchte anders behandelt werden. Der eine braucht direkt eine klare konkrete Ansprache, der andere will sich selbst in Ruhe alles anschauen.

Um das herauszufinden sind Fingerspitzengefühl und eine gute Beobachtungsgabe nötig, Eigenschaften, die **wahnsinnig** wichtig sind im Verkauf.

Es gibt allerdings ein paar Grundregeln:

Schaffen Sie eine positive Gesprächsatmosphäre, seien Sie freundlich und höflich. Nehmen Sie Blickkontakt auf und lächeln Sie.

Auch Ihre Körperhaltung ist wichtig, dazu erfahren Sie mehr in Tipp Nummer 24.

Wenn Sie sich dem Kunden mit Ihrem Namen und eventuell Ihrer Funktion vorstellen, dann ist die Chance sehr hoch, dass auch Sie den Namen Ihres Gesprächspartners erhalten.

Zusatz-Tipp:

Nennen Sie Ihren Vor- und Nachnamen, das macht das Gespräch persönlicher! Es spricht auch niemand von Frau Klum oder Herrn Beckenbauer, sondern immer von Heidi Klum und Franz Beckenbauer.

Wichtig ist immer, dass Sie natürlich bleiben, das macht Sie sympathisch. Klar gibt es an einem langen Tag auch einmal eine Situation, in der Ihnen nicht zum Lächeln zu Mute ist, dann machen Sie einfach ein kurze Pause.

Hängen Sie einen Smiley auf, um sich immer wieder ans Lächeln zu erinnern.

<u>Wahnsinnig</u> wichtig:

LMAA = Lächle **M**ehr **A**ls **A**ndere

Tipp Nummer 15:

Das Verhalten der Besucher

Wie verhält sich ein Besucher auf der Messe?

Wie gehen die meisten Messebesucher vor?

Wenn wir diese Fragen beantworten können, sind wir in der Lage, genauer auf die Besucher einzugehen.

Wir unterscheiden 4 Typen:

1. <u>Der intensive Messebesucher:</u>

    Er verbringt viel Zeit auf der Messe und will möglichst viele Aussteller sehen. An den einzelnen Ständen informiert er sich sehr intensiv und tätigt auch gleich Abschlüsse.

2. <u>Der punktuelle Messebesucher:</u>

    Er kommt mit einem straffen Plan auf die Messe, er hat oft auch Termine bei den Ausstellern. Am Stand informiert er sich ausgiebig, trifft Kaufentscheidungen jedoch oft erst nach der Messe. Wenn Sie nicht auf seinem Besuchsplan stehen, haben Sie es schwer. Mit dieser Gruppe sollten Sie im Vorfeld Termine gemacht haben.

3. Der praxisorientierte Messebesucher:

   Dieser Besuchertyp hat auch ein straffes Besuchsprogramm, das er konsequent abarbeitet.
   Gespräche führt er kurz und effektiv, nimmt sich sehr wenig Zeit zum Bummeln.
   Wenn Sie diesen Besuchern einen klaren Nutzen anbieten, haben Sie gute Chancen.

4. Der Messebummler:

   Er kommt meist ohne große Vorbereitung und hat auch oft nur eine vage Vorstellung, wie der Messeaufenthalt aussehen soll.
   Er will einfach schauen, was es Neues gibt und lassen sich überraschen.
   Diese Gruppe können Sie durch einen kreativen und spannenden Auftritt und durch Innovationen sehr leicht begeistern.

Ca. 90% der Besucher einer Fachmesse bereiten ihren Messebesuch vor. Drei Viertel der Fachbesucher planen einen Besuch bei einem bestimmten Aussteller.

Hier ist es **wahnsinnig** wichtig im Vorfeld seine Hausaufgaben richtig gemacht zu haben.

Siehe Tipp Nummer 9

Tipp Nummer 16:

Reden Sie in Bildern

„Ein Bild sagt mehr als tausend Worte"

Diese Weisheit haben Sie sicherlich schon sehr oft gehört oder gelesen.

Doch was ist wirklich dran?

Nun, unser Gehirn wandelt alles, was wir hören oder lesen erst einmal in ein Bild um. Worte existieren in unserem Gehirn nicht, nur Bilder.

Gibt es zu einem Begriff kein Bild, so konstruieren wir eines und zwar so, wie wir glauben, dass es sein könnte.

Dies kann dann der Wirklichkeit entsprechen, es kann aber auch sehr weit davon weg sein.

Also machen wir es unseren Kunden so einfach wie in einem Kinderspiel und reden in Bildern. Was erzählen Sie Ihren Kunden? Was hören wir oft?

„Die innovative Produktpalette unseres zukunftsorientierten Unternehmens….blablabla…."

Wenn wir unseren Gesprächspartnern immer nur Zahlen, Daten und Fakten an den Kopf werfen (sehen Sie das Bild?), werfen wir den Nebel der Unsicherheit über sie. Wie viel schöner ist es , Licht ins Dunkel zu bringen.

Erzählen Sie Ihren Kunden bildhaft, was diese mit Ihren Produkten/Dienstleistungen tun können.

Nehmen Sie Praxisbeispiele von anderen Kunden oder zeigen Sie es vor Ort an einem Modell oder mit Fotos und Filmen.

Geben Sie dem Kunden, wenn möglich die Produkte in die Hand, lassen Sie es ihn „begreifen", anfassen, ausprobieren.

Was wir einmal in unseren Händen halten, das wollen wir nicht so gerne wieder hergeben. Hier sind wir alle wie kleine Kinder.

Es sind immer die Gefühle, die uns eine Entscheidung treffen lassen. Wer Gefühle wecken kann, der verkauft.

Kein Bild → Keine Emotion → Keine Wirkung

Wollen Sie wirken? Dann verwenden Sie Bilder!

Hier ein einfaches Beispiel zur Verdeutlichung:

„Welche Farbe hat Ihr Auto?" _____

Woran haben Sie gerade gedacht, was haben Sie gesehen? Eine Farbe? Ein Wort?

Oder war es Ihr Auto, das vor Ihrem geistigen Auge erschienen ist?

Sie merken also, dass Ihr Gehirn auf Bilder programmiert ist, füttern Sie es auch damit!

Tipp Nummer 17:

Stellen Sie Fragen, die zum Ziel führen

„Wer fragt, der führt"

Wenn Sie das Gespräch führen wollen, dann stellen Sie Fragen und hören Sie aufmerksam und aktiv hin.

Überlegen Sie sich im Vorfeld, was Sie von Ihren Besuchern wissen müssen, um diese einzuschätzen.

In einem Verkaufsgespräch sollte der Verkäufer nur zu maximal 30 Prozent reden und der Kunde zu 70 Prozent. Dann fühlt er sich auch wertgeschätzt.

In der Praxis sieht es oft anders aus. Der Verkäufer redet den Kunden „tot" und der Kunde weiß danach gar nicht mehr, was er mit den vielen Informationen anfangen soll. Diese „Krankheit" nennt man auch Sprechdurchfall.

Hier haben wir wieder den **Wahnsinn**, es wurde viel kostbare Zeit verschwendet, vom Kunden wissen wir jedoch so gut wie gar nichts.

Auf der Messe ist es **wahnsinnig** wichtig, sich nicht auf ein stundenlanges Gespräch einzulassen. Hier gilt es, den Besucher innerhalb von wenigen Minuten zu klassifizieren und ihm eine Lösung anzubieten.

Stellen Sie nur Fragen, bei denen Sie auch mit jeder möglichen Antwort leben können.

Die klassische geschlossene Frage: „Kann ich Ihnen helfen?" streichen Sie bitte sofort aus Ihrem Sprachgebrauch. Bei einem „Nein" ist das Gespräch hier beendet!

Zu Beginn arbeiten wir mit offenen Fragen, um das Gespräch zu öffnen.

Beispiele finden Sie in Tipp Nummer 12.

Danach brauchen wir Informationen über den Kunden. Dazu bedienen wir uns der klassischen „W-Fragen":

- Was? ….wollen Sie damit tun…
- Wie? …möchten Sie es genau….
- Wofür? …benötigen Sie die Ware…
- Wie viel? …brauchen Sie…
- Wann? …sollen wir liefern
- Wo? …kommt die Ware zum Einsatz…
- Wer? …ist der Anwender…

Achten Sie darauf, dass Sie kein Verhör daraus machen, der Kunde soll Ihnen das gerne erzählen. Das tut er auf jeden Fall, wenn er für sich auch einen Nutzen darin sieht.

Verwenden Sie hier Formulierungen wie:

„Damit wir Ihnen schnell und konkret helfen können, benötigen wir von Ihnen ein paar Angaben…"

Sie können hier den Menschen mit einem Löwen in der Wüste vergleichen. Der Löwe bewegt sich auch nur dann, wenn er einen Nutzen davon hat. Ansonsten liegt er den ganzen Tag im Schatten. Beim Löwen sind dies Fressen, Fortpflanzung und evtl. Flucht. All dies ist für den Löwen bzw. die Art überlebenswichtig. Wir Menschen sind da ähnlich, sehen wir keinen Nutzen, bewegen wir uns nicht.

Also zeigen Sie Ihrem Gesprächspartner einen Nutzen auf und er wird sich (in den meisten Fällen) bewegen.

Mit dem Zusatz „genau" gehen Sie noch mehr ins Detail. Das verwenden wir allerdings auch sehr dezent.

> Nur wer richtig fragt, bekommt auch die richtigen Antworten!

Tipp Nummer 18:

Verwenden Sie gute Fragetechniken

„Die Qualität der Antworten hängt immer ab von der Qualität der Fragen!"

Im vorherigen Kapiteln haben wir uns bereits schon ein paar Fragen angeschaut:

- Fragen zu Gesprächseröffnung
- Fragen zur Ermittlung des Bedarfs
- Fragen zur Person

Jetzt wollen wir einen kleinen Ausflug zu dem Thema Fragetechniken und Fragearten machen.

Hierbei schauen wir uns an, welche Fragen für welche Situationen wichtig sind und was wir mit den Fragen erreichen können.

Außerdem schauen wir uns ein paar Beispiele an, wie wir diese auf einer Messe optimal einsetzen können.

Phase	Frageart	Zweck / Ziel
Gesprächs-eröffnung	Offene Fragen	Kontaktaufbau/ Informations-gewinnung
Während des Gespräches und am Gesprächsende	Geschlossene Fragen	Überprüfung/ Entscheidung/ Abschluss
Eröffnung/ Abschluss	Alternativ-fragen	Verschiedene Möglichkeiten aufzeigen oder anbieten
Gesprächs-verlauf	Taktische Fragen	Gesprächslenkung

Beispiele zur Gesprächseröffnung:

„An welchem Produkt sind Sie denn interessiert?"

„Wie gefällt Ihnen unser neuer Messe-Stand?"

„Was interessiert Sie denn am meisten?"

„Wie war Ihre Anreise?" „Wie geht's es Ihnen?"

„Aus welcher Branche/ welchem Bereich kommen Sie?"

„Kennen Sie unsere Produkte/Firma schon?

„Darf ich Ihnen etwas zum Trinken anbieten? Einen Kaffee oder lieber etwas Kaltes?"

Beispiele während des Gespräches:

„Was genau benötigen Sie?"

„Was ist Ihnen bei einem neuen Lieferanten besonders wichtig?"

„Für was genau wollen Sie unsere Produkte einsetzen?"

„Wer sind Ihre Kunden?"

„Mit wem arbeiten Sie momentan in diesem Bereich zusammen?"

Beispiele zum Abschluss:

„Wann möchten Sie die Ware haben?"

„Sollen wir liefern oder möchten Sie es anholen?"

„Ab wann möchten Sie mit uns zusammen arbeiten?"

„Wohin sollen wir liefern?"

Skalierungsfrage:

„Wo schätzen Sie unsere mögliche Zusammenarbeit auf einer Skala von 1 bis 10 momentan ein? Wobei 1 bedeutet, dass wir noch sehr weit auseinander liegen und 10, dass wir sofort starten können?"

Moralischer Vorvertrag:

„Lieber Interessent, einmal angenommen, wir können Ihre Wünsche wie besprochen erfüllen, werden Sie dann mit uns zusammenarbeiten?"

Mit dieser Frage holen Sie sich schon ein deutliches „JA" und der Interessent wird dann auch meist auch bei Ihnen kaufen.

Die vier Fragen der Kundenergründung:

1. Lieber Kunde, wenn es um einen neuen Lieferanten geht, was ist Ihnen denn dabei wichtig?

Kunde: „Zuverlässigkeit"

2. Ok, das verstehe ich, was genau bedeutet für Sie denn „Zuverlässigkeit"?

Jetzt muss Ihr Kunde schon konkreter werden.

3. Und was ist Ihnen außerdem noch wichtig?

4. Was ist für Sie bei einem neuen Lieferanten das Allerwichtigste?

Wenn Sie diese vier Frage stellen, können Sie sicher sein, dass Sie alle wesentlichen Punkte des Kunden erfasst haben.

Frage 2 stellen Sie natürlich bei jeder Antwort des Kunden. Damit gehen Sie richtig in die Tiefe und Ihr Kunde macht sich (vielleicht das erste Mal) Gedanken, was er wirklich will.

Trauen Sie sich das wirklich einmal, Sie werden von dem Ergebnis **wahnsinnig** überrascht sein.

Tipp Nummer 19:

Ihre Kleiderordnung

Die Kleiderordnung sollten Sie vorab mit allen an der Messe beteiligten Mitarbeitern klären.

Jeder weiß dann, wonach er sich richten soll.

Es ist manchmal echt ein ***Wahnsinn***, wie manche Verkäufer und Verkäuferinnen auf der Messe gekleidet sind. Ein exklusiver Stand und dann unpassend gekleidetes Personal.

Im Verkauf gibt es eine einfache Regel:

„Der Verkäufer ist immer ein bisschen besser gekleidet als sein Kunde!"

Damit ist er dann auch nicht „overdressed", was auch so manche Kunden abschreckt.

Gibt es eine feste Kleiderordnung, die zum CI passt, sollte sich auch jeder daran halten. Wir treten nicht als Einzelperson sondern immer als Firma auf. Alles was der einzelne tut, fällt nicht auf ihn, sondern auf die Firma zurück.

Alle haben dann z.B. eine Firmenkrawatte oder ein Hemd mit Logo an. Frauen die entsprechenden Tücher.

Kann jeder anziehen, was er will, sollten ein paar Regeln befolgt werden.

<u>Männer:</u>

Ein dunkler Anzug ist im Top-Businessbereich immer passend, dazu Hemd und evtl. Krawatte. Dazu trägt man dunkle Schuhe und einen Gürtel und dunkle Kniestrümpfe. Die Kniestrümpfe sind wichtig, damit man(n) auch im Sitzen keine Waden zeigt. Gürtel und Schuhe haben dieselbe Farbe.

Oft reichen auch eine Stoffhose und ein Hemd.

Ist es etwas lockerer, geht auch eine Jeanshose und ein Hemd oder sogar ein Polohemd.

Passen Sie die Kleiderordnung Ihrer Branche an. Auf einer Fitnessmesse ist auch Sportbegleitung erlaubt. Wenn Ihre Kunden z.B. Handwerker sind, dann wirken Sie auf diese im Anzug sehr weit weg von der Arbeitspraxis. Ihre Glaubwürdigkeit geht dann auch ein Stück weit verloren.

Wichtig ist, dass alles sauber und ordentlich ist.

Frauen:

Hier haben wir mehr Möglichkeiten. Es ist allerdings darauf zu achten, keine zu kurzen Röcke und keinen zu tiefen Ausschnitt zu tragen. Es soll ja möglichst wenig von den Produkten abgelenkt werden.

Ihre Schuhe sollten keine allzu hohen Absätze haben, Sie müssen ja auch den ganzen Tag darin stehen können.

Setzen Sie Schmuck, Make-up und Parfum nur dezent ein!

Klar gilt der bekannte Satz „sex sells", Sie sollten das jedoch nicht übertreiben.

Zumindest die Damen, die auch Verkaufsgespräche führen, sollten mit Ihren Talenten in einem anderen Bereich glänzen.

Um in männerdominierten Branchen etwas für das Auge zu bieten, gibt es ja noch die Messe-Hostessen.

Tipp Nummer 20:

Verhalten Sie sich stets professionell

Genau wie die Kleiderordnung sollten auch gewisse Verhaltensregeln im Vorfeld abgesprochen werden.

Diese sind dann allen Mitarbeitern bekannt und für alle verbindlich. Sie können einen Verantwortlichen bestimmen, der sich um die Einhaltung der Regeln kümmert.

Möglich ist auch eine kleine „Strafkasse" aufzustellen. In diese werden dann z.B. 5,- Euro pro Verstoß gezahlt und das Geld dann gespendet.

Machen Sie es aber nicht zu Ernst, es sollte eher ein Spiel sein.

Auch hier gilt, dass nicht der Einzelne beurteilt wird, sondern immer Ihre Firma und das Image Ihrer Firma.

Sie kennen das sicherlich auch aus eigener Erfahrung, wie ein Stand wirkt, bei dem das Personal alles andere tut, nur nicht verkaufen.

Da wird am Stand gefrühstückt, Zeitung gelesen, telefoniert, das ist echt der absolute ***Wahnsinn!***

Und das alles bei dem hohen Minutenpreis.

Neben möglichen eigenen Regeln gibt es ein paar grundlegende Dinge, auf die Sie achten sollten.

Essen:

Jeder der den ganzen Tag auf der Messe arbeitet, braucht auch etwas zum Essen. Ganz klar. Hier sollten Sie im Standbesetzungsplan feste Pausenzeiten eintragen. In der Pause kann der entsprechende Mitarbeiter vom Stand gehen, eine Kleinigkeit essen und etwas frische Luft schnappen. Am Stand selbst wird nicht gegessen und die Häppchen sind für die Kunden da, nicht für die eigenen Mitarbeiter!

Rauchen:

Rauchen Sie nie am Stand! Auf den meisten Messen ist dies mittlerweile sowieso verboten.

Handy:

Die Handys der Standbesetzung sind aus oder zumindest auf lautlos. Es darf kein Gespräch durch einen Anruf gestört werden. Am besten ist es, wenn alle ihre Handys morgens abgeben und nur in der Pause holen können.

Ein „Standhandy" kann ja im Servicebereich liegen, damit Sie für Notfälle erreichbar sind.

Kollegengespräche:

Wie teuer eine Messeminute ist, haben wir ja bereits berechnet. Vergeuden Sie also keine Zeit mit Klatsch und Tratsch. Überlegen Sie in Zeiten mit geringem oder gar keinem Besucherstrom lieber, wie Sie das ändern können. Oder Sie besprechen kurz, was bisher gut war und was noch besser laufen sollte.

Auch Lästern über die Wettbewerber oder bestimmte Kunden ist ein absolutes Tabu.

Genauso schlechte Stimmungsmache über die Messe, die Branche, die Konjunktur oder sonst irgendetwas. Sie ziehen damit sich selbst und Ihre Gesprächspartner emotional runter. Und in genau dieser negativen Emotion sprechen Sie dann den nächsten Kunden an:

Ein „NO GO!" und der absolute ***Wahnsinn.***

Tipp Nummer 21:

Was tun Sie, wenn nichts los ist?

Bei jeder Messe gibt es immer wieder Zeiten, in denen der Besucherstrom abreißt und wirklich kaum noch Kunden in den Gängen sind.

Gerade dann sollten wir uns richtig verhalten. Wie schon in Tipp Nummer 20 beschrieben, ist Jammern über die wenigen Besucher keine gute Lösung.

Was ist also zu tun, um nicht ***wahnsinnig*** zu werden?

Sie können Kundengespräche trainieren. Das heißt ein Verkäufer spielt den Kunden der zweite den Verkäufer. Das hat zwei Effekte:

1. Alle bleiben in der Übung und werden nicht müde. Auch können die Mitarbeiter sich gegenseitig Feedback geben und so lernen.

2. Auf dem Stand sieht es nicht „leer" aus. Ein Stand nur mit Verkäufern, die wie die Geier auf den nächsten Besucher warten, ist nicht einladend. Ein Stand an dem was los ist, wirkt interessant.

    „Menschen ziehen Menschen an!"

In die besucherschwache Zeit können Sie Pausen legen. Schicken Sie einzelne Mitarbeiter zum Essen oder kurz an die frische Luft.

Oder Sie setzen eine kurze Lagebesprechung an. Hier können Sie Rückblick auf den Tag oder auf die bisherige Messe geben. Wichtig ist hier das Wort „KURZ"!

Grüppchenbildung bei Verkäufern wirkt auf potenzielle Kunde wieder abstoßend. Also wirklich nur eine ganz kurze Manöverkritik. Längere Feedbackrunden heben Sie sich für abends oder nach der Messe auf.

Einzelne Mitarbeiter können jetzt auch einen Rundgang über die Messe machen. Schauen Sie sich um, was sonst so geboten wird und vor allen Dingen machen Sie Wettbewerbsbeobachtungen.

Nirgends haben Sie es einfacher zu schauen, was Ihre Mitbewerber so machen und anbieten als auf einer Messe.

Nutzen Sie diese Chance, holen Sie sich eventuell Muster oder Kataloge.

Tipp Nummer 22:

Haben Sie Ihr Messe-Handwerkszeug immer zur Hand

Genauso wie ein Maurer nicht ohne Kelle und Zollstock auf das Gerüst geht, sollten Sie auch nicht ohne das entsprechende Handwerkszeug auf eine Messe gehen.

Dabei gilt es nicht nur, alles dabei zu haben, sondern es auch ordentlich und griffbereit zu haben.

Was ist alles wichtig?

Neben den Ausstellungsstücken, Mustern, Getränken und eventuellen Snacks sollten Sie folgendes Arbeitsmaterial immer zur Hand haben:

1. <u>Visitenkarten</u>

    Stellen Sie sicher, dass von jedem Außendienstmitarbeiter genügend Visitenkarten vorhanden sind. Auch von Mitarbeitern, die gar nicht auf der Messe sind.
    Es empfiehlt sich, diese in einer Karteikartenbox entweder alphabetisch oder nach Gebieten sortiert aufzubewahren.
    Jeder Standmitarbeiter hat seine Karten natürlich noch zusätzlich bei sich.

Zusatz-Tipp:

Übergeben Sie Ihre Visitenkarten immer mit beiden Händen und schauen Sie Ihr Gegenüber dabei an.

Sie zeigen damit Wertschätzung und er wird sich nach der Messe besser an Sie erinnern können.

Und das ist doch bei der Menge an Gesprächen, die ein Besucher führt, **wahnsinnig** wichtig.

2. <u>Bestellformulare / Messekontaktberichte</u>

Halten Sie diese Formulare griffbereit für jeden Mitarbeiter. Nehmen Sie hierfür Briefablagekörbe und beschriften Sie diese.

Wenn Sie auf Ihrem Stand einen kleinen Bürobereich haben, kann auch ein Servicemitarbeiter dies Formular bei Bedarf ausgeben.

Tipp Nummer 11 beschreibt den Kontaktbericht genau.

Wenn Sie EDV-unterstützt arbeiten, schauen Sie, dass die Technik funktioniert und alle Akkus geladen sind.

3. Kataloge / Preislisten

   Diese sollten Sie ähnlich wie die Bestellformulare griffbereit aufbewahren. Überlegen Sie sich, ob es Sinn machen kann, Kataloge so großzügig zu verteilen, dass Sie diese offen auslegen. Dies kann auf Endverbrauchermessen und bei Massenartikeln sinnvoll sein.

   Auf Händlermessen und bei Artikeln mit hohem Beratungsbedarf ist dies nicht zu empfehlen.

   Hier gilt die Regel:
   „Katalog und Preisliste im Tausch mit einer Visitenkarte."

   Dann haben Sie auch die Möglichkeit, nach der Messe nachzufassen.

   Überschütten Sie Ihre Besucher jedoch nicht mit Material. Geben Sie nur gezielte Informationen mit und senden Sie bei Bedarf konkrete Informationen hinterher.

4. Ordner für Aufträge / Berichte

Stellen Sie einen oder mehrere Ordner zum Abheften der Aufträge und Kontaktberichte zur Verfügung.

Sie können hier auch schon selektieren und in einen Ordner die Aufträge und in einen zweiten die Berichte abheften. Prüfen Sie, was hier für Sie Sinn macht, um es für die Nachbereitung so einfach wie möglich zu machen.

Auf jeden Fall sollten Sie nach Tagen trennen, um so für die nächste Messe das Personal besser zu planen.

5. Namensschilder

Jeder Standmitarbeiter, auch die im Service, braucht ein gut lesbares Namensschild.

Schreiben Sie Vor- und Nachname drauf, den Firmennamen und eventuell noch die Funktion. Nehmen Sie hier entsprechend große Schilder.

Visitenkarten sind als Namensschild ungeeignet.

6. <u>Kugelschreiber</u>

Sorgen Sie dafür, dass jeder Verkäufer einen <u>guten</u> Kugelschreiber hat, mit dem er gut und sauber schreiben kann.

7. <u>Büroausstattung / Sonstiges</u>

Folgendes benötigen Sie als Büroausstattung:

- Locher, Hefter
- Papierkorb
- Büroklammern
- Ersatzkugelschreiber
- Tesafilm, Schere
- Garderobe
- Pflaster
- Kopfschmerztabletten, Halsbonbons
- Kleiderbürste, Fleckenentferner
- Firmenstempel
- Terminkalender, Notizblöcke
- Staubsauger, Besen, Reinigungsmittel

Tipp Nummer 23:

Drücken Sie bei Ihren Kunden die richtigen „Knöpfe"

Die Gründe, aus denen ein Kunde kauft, können sehr unterschiedlich sein und dennoch lassen sich diese oft in ein paar Motive aufteilen.

Die Gehirnforschung hat mittlerweile erwiesen, dass wir unsere Entscheidungen emotional treffen und diese dann nachträglich rational zu begründen suchen.

Wenn wir also wissen, welches die Hauptmotive unserer Kunden sind und wir Ihnen diese auf dem Silbertablett präsentieren, haben wir den Kunden schon gewonnen.

Wir bieten ihm, was er sich wünscht und er kauft. So **wahnsinnig** einfach ist es oder kann es sein.

„Mach es _einfach_ und dann _mach_ es einfach"

Und genau hier liegt die Schwierigkeit bei vielen Verkäufern. Sie wollen es kompliziert und wundern sich dann, wenn der Kunde woanders kauft.

Die fünf Hauptkaufmotive:

1. Profit

    Wie kann unsere Kunde durch unsere Produkte oder Dienstleistungen Zeit oder Geld sparen?
    Wie kann er mit unserer Hilfe mehr Geld verdienen?
    Wie erhöht er seinen Profit?

2. Sicherheit

    Wie können wir durch unsere Produkte/Dienstleistungen dem Kunden mehr Sicherheit bieten?
    Wodurch fühlt sich unser Kunde sicherer?
    Was schützt sein Leben, seine Gesundheit oder seinen Besitz?
    Welche Garantien können wir ihm bieten?

3. Bequemlichkeit

    Was können wir tun, um es für unsere Kunden einfach und bequem zu machen?
    Wo steigern wir seinen Komfort?
    Was nehmen wir ihm an Aufgaben/ Verantwortung ab?

4. <u>Image/Prestige</u>

   Wie steigern wir sein Image durch unsere Produkte/Dienstleistungen?
   Was erhöht sein Ansehen?
   Wodurch fühlt er sich besser oder wertvoller?

5. <u>Spaß/Freude</u>

   Welchen Spaß hat er durch die Verwendung unserer Produkte/Dienstleistungen?
   Was bereitet ihm Freude?
   Wie können wir sein Lebensgefühl steigern?

Beantworten Sie mit Ihrem Team diese Fragen für Ihre Firma und Ihre Produkte/Dienstleistungen.

Hier ist auch wieder Kreativität wichtig. Je mehr Antworten Sie finden desto besser.

Dann haben es Ihre Verkäufer viel einfacher, Ihre Kunden zu überzeugen.

Und das nicht nur auf der Messe sondern auch im täglichen Kundenkontakt.

„**Wahnsinnig** einfach und **wahnsinnig** effektiv!"

Tipp Nummer 24:

Ihr Körpersprache

„Die Zunge kann lügen, der Körper nie!"

Da wir auf einer Messe unserem Gesprächspartner immer direkt gegenüberstehen, ist hier die Körpersprache extrem wichtig.

In der Körpersprache kann unser Gegenüber sehr viel sehen und unbewusst deuten.

Unsere Gefühle, unser Wohlbefinden und unsere Einstellung spiegeln sich im Körper.

Wie sieht das denn in der Realität oft aus?

Wie stehen oder sitzen viele Verkäufer am Stand?

Das, was wir hier oft sehen, ist meist nicht ***wahnsinnig*** einladend, es ist eher abschreckend. Da hat man als Besucher schon gar keine Lust mehr, etwas zu fragen, geschweige dann etwas zu kaufen.

Haben Sie diesen ***Wahnsinn*** auch schon erlebt?

Jetzt überlegen Sie sich bitte einmal, wie für Sie ein erfolgreicher Verkäufer aussieht. Und da meine ich nicht nur die Kleidung, sondern auch das Auftreten und das Verhalten, also die Körpersprache.

Wie sollte er stehen, wie sollte er gehen?

Wenn ein Besucher am Stand vorbei läuft, dann sollte nicht nur der Messe-Stand an sich einladend sein, sondern auch das Personal.

Um hier ein gutes Bild abzugeben gibt es ein paar Regeln:

1. <u>Aufrechter Stand</u>

    Stehen Sie selbstbewusst und sicher.
    Um einen aufrechten Stand zu haben, stellen Sie sich vor, Sie hätten eine Schraube im Kopf und an dieser Schraube zieht Sie jemand an einem Seil permanent nach oben.
    Oder wie hieß es früher immer:
    „Bauch rein, Brust raus!"

2. <u>Hände</u>

    Halten Sie Ihre Hände offen nach vorne und heißen Sie somit Ihre Kunden mit offenen Armen willkommen.

3. Lächeln

Begrüßen Sie Ihre Kunden mit einem offenen freundlichen Lächeln.
„Ein Lächeln ist der kürzeste Weg in das Herz eines Menschen!"
Also nutzen Sie diesen.

4. Blickkontakt

Nehmen zuerst immer Blickkontakt zu Ihren Kunden auf. Damit zeigen Sie Respekt und Interesse an Ihren Gesprächspartnern.

Genauso wichtig wie eine gute Körpersprache ist auch die Körperpflege.

Sie immer als Ganzes wahrgenommen. Auftreten, Kleidung, Erscheinungsbild, Geruch.

Hier helfen Pfefferminzdragees gegen schlechten Atem und Deo gegen Körpergeruch. Dies bitte auch während des Tages regelmäßig kontrollieren. Damit Ihre Kunden Sie auch „riechen" können.

Tipp Nummer 25:

Ihre Stimme

Um Ihre Wirkung im Gespräch zu erhöhen, ist es wichtig, dass Sie Ihre Stimme bewusst einsetzen und auch auf Ihre Wortwahl achten.

Stimme und Stimmung haben denselben Wortstamm.
Ihre Stimmung hat immer auch Einfluss auf Ihre Stimme.
Wenn Sie also schlecht gelaunt oder genervt sind, kann man das in Ihrer Stimme hören.
Ebenso kann man auch ein Lächeln hören.

Und wie wollen Sie auf der Messe klingen?

Freundlich, offen und hilfsbereit?

Dann sollten Sie auch mit dieser Einstellung auf die Messe gehen.
Sie können so noch besser Ihre Gesprächspartner erreichen und bei ihnen ein Gefühl des Vertrauens aufbauen.

Setzen Sie mit Ihrer Stimme Akzente und variieren Sie Tonhöhe, Sprechgeschwindigkeit und Lautstärke. Dies ist wichtig, um interessant und spannend zu klingen.

Heben Sie Ihre Stimme am Satzende wenn Sie eine Frage stellen und senken Sie sie, wenn Sie eine Aussage machen.

Üben Sie das im Vorfeld der Messe einmal unter Kollegen:

Sie nennen den Preis eines Produktes.

Dabei heben Sie einmal Ihre Stimme am Ende an und beim zweiten Mal senke Sie Ihre Stimme.

Lassen Sie jetzt Ihre Kollegen entscheiden, welche Aussage verbindlicher klingt.

Tipp Nummer 26:

Ihre Wortwahl

Achten Sie auch auf die Wahl Ihrer Wörter.
Hier eine paar Beispiele, die Sie besser aus Ihrem Wortschatz streichen:

- Eigentlich
- Quasi
- Eventuell, vielleicht, unter Umständen
- Möglichst, möglicherweise
- Würde, könnte, müsste
- Dürfte, möchte, hätte
- Recht (gut, herzlich)
- Man (wer ist das?)

Alle diese Wörter werden auch als „Weichmacher" bezeichnet.
Kommunizieren Sie konkret und vermeiden Sie deshalb diese Weichmacher!
Ihr Kunde will sich auf Ihre Aussagen verlassen können, das kann er nur, wenn Sie Klartext reden und auf den Punkt kommen.

Klar klingt das jetzt für einige zunächst etwas hart. Viele dieser „Weichmacher" sind ja auch Höflichkeit.

Richtig! Es geht nur darum, eine gute Balance zwischen Höflichkeit und Hartnäckigkeit zu finden. Zu höflich ist meist nicht konkret genug und wirkt damit sehr weich. Einfach folgende Regel beachten:

H.H.H. = **H**öfliche **H**artnäckigkeit **H**ilft

Vermeiden Sie außerdem Negationen, verwenden Sie lieber die passende positive Formulierung. Das Wort „nicht" kann keinem Bild zugeordnet werden und es wird gerne überhört.
Unser Gehirn stellt sich dann das Negative erst einmal vor und löscht es dann wieder.

„Stellen Sie sich jetzt bitte nicht vor, wie ein rosa Elefant auf Rollschuhen durch die Straße fährt."

Sie sollten es sich doch nicht vorstellen. ☺

Genauso geht es Ihren Kunden, wenn Sie von Dingen reden, die nicht gehen.

Beenden Sie **NIE** das Gespräch mit den Worten:

„Sie werden es nicht bereuen."

Was bleibt hängen? Genau, das Bereuen.

Tipp Nummer 27:

Ihre Wirkung

Ihre persönliche Wirkung hat einen sehr großen Einfluss auf die Gesprächsqualität.

Untersuchungen ergeben immer wieder, dass es wichtiger ist, ***wie*** etwas gesagt wird als ***was*** gesagt wird.

Ca. 2 Stunden nach einem Gespräch sind vom Inhalt nur noch etwa 7 % im Gedächtnis Ihres Gesprächspartners.

Von der allgemeinen Wirkung bleiben jedoch ca. 30 % hängen.

Das ist mehr als das Vierfache!

Gerade an einem Messetag, an dem Ihre Gesprächspartner ja nicht nur mit Ihnen sondern auch mit vielen anderen Ausstellern sprechen, ist deshalb Ihre persönliche Wirkung <u>**wahnsinnig**</u> wichtig.

Sie soll sich doch an Sie erinnern, wenn sie den Tag Revue passieren lassen.

Wie bekommen Sie das hin?

Bereiten Sie Ihre Gespräche gut vor.

Überlegen Sie gemeinsam mit Ihren Mitarbeitern, wie Sie die Interessenten am besten ansprechen. Testen Sie die Wirkung, trainieren Sie es.

Profi-Fußballer gehen auch nicht nur am Samstag auf den Platz und gewinnen dann das Spiel.

Nein, sie trainieren jeden Tag, immer und immer wieder.

Auch Sie sollten so vorgehen, wenn Sie im Messe-Geschäft ein Profi werden wollen. Sie können Ihre Gespräche gut vorbereiten und diese dann spielerisch im Team trainieren. Geben Sie sich gegenseitig Feedback, was die Wirkung angeht.

Wichtige Punkte hierbei sind:

- Wirke ich freundlich?
- Wirke ich kompetent?
- Bin ich überzeugend?
- Ist meine Stimme angenehm?
- Macht es Spaß, sich mit mir zu unterhalten?
- Was strahle ich aus?
- Kommt man gerne zu mir?

Paul Watzlawick, ein berühmter österreichischer Kommunikationswissenschaftler, hat den Satz geprägt:

„Man kann nicht <u>nicht</u> kommunizieren"

Das soll heißen, Sie kommunizieren immer oder anders formuliert Sie wirken immer auf Andere. Ob Sie etwas sagen, oder nicht.

Das sollten Sie speziell auf einer Messe beherzigen und sich immer die Fragen stellen:

„Wie will ich wirken?"

„Wie will ich wahrgenommen werden?"

Wie schon erwähnt, ist die Zeit auf der Messe sehr kostbar und für den ersten Eindruck gibt es kaum mehr eine zweite Chance. Also sollte Ihre Wirkung perfekt sein. Die von Ihrem Stand und auch die von Ihrem Standpersonal.

Tipp Nummer 28:

Steigen Sie optimal aus dem Gespräch aus

Nach einem erfolgreichen Messe-Gespräch ist es auch wichtig, dieses Gespräch optimal zu beenden.

Doch was passiert hier sehr oft?

Der Verkäufer ist froh, einen Abschluss getätigt, oder einen potentiellen Interessent gewonnen zu haben. Dabei vergisst er jetzt, den Kunden ordentlich zu verabschieden und ihm ein gutes Gefühl mit nach Hause zu geben. ***Wahnsinn!***

Was sind hier die wichtigsten Elemente?

Auf was sollten Sie besonders achten?

Ähnlich wie der Gesprächseinstieg ist auch der Ausstieg entscheidend.

„Der erste Eindruck zählt und der letzte Eindruck bleibt"

Deshalb überlegen Sie sich hier bitte ganz genau, was Sie und vor allen Dingen wie Sie es sagen, denn mit diesen letzten Sätzen geht Ihr Kunde vom Stand bzw. nach Hause.

Die optimalen Sätze sind natürlich abhängig vom Gesprächsverlauf und vom Ergebnis.
Hat der Kunde gekauft, hat er sich nur informiert oder will er ein konkretes Angebot von uns haben.

Für diese unterschiedlichen Situationen finden Sie hier ein paar Beispiele.
Diese passen Sie dann einfach an Ihre Situation und Ihre Produkte/Dienstleistungen an.

<u>Kunde hat gekauft:</u>

Beglückwünschen Sie Ihren Kunden zu der Entscheidung.
Erklären Sie ihm, wann genau er mit der Ware rechnen kann bzw. wie er Ihr Produkt verwendet/anwendet.
Wünschen Sie ihm viel Spaß/Erfolg dabei und sagen Sie ihm, dass er sich bei Fragen gerne an Sie wenden kann.

<u>Kunde hat sich informiert:</u>

Klären Sie, ob alle momentanen Fragen beantwortet sind.
Fragen Sie Ihn, was Sie noch für ihn tun können.
Sie können auch fragen, bis wann er sich denn entscheiden will bzw. wann Sie ihn kontaktieren dürfen.
Machen Sie das etwas abhängig vom Gespräch.
Sie können auch schon einen konkreten Termin für ein zweites Gespräch vereinbaren.

Kunde will ein konkretes Angebot:

Sagen Sie ihm konkret, was Sie nun für ihn tun werden und wann er mit einer Antwort rechnen kann.
Klären Sie, wann und wie Sie ihn am besten erreichen und in welcher Form er das Angebot gerne hätte.
Sie können auch direkt einen Termin für eine Präsentation vereinbaren.

„Egal was Sie tun, machen Sie es immer konkret."

Es ist auch **wahnsinnig** wichtig, zu erkennen, wann der Kunde „bereit" für den Abschluss ist.

Dies erkennen Sie an seinen konkreten Aussagen z.B. zur Lieferfähigkeit oder zu Anwendungsdetails. Auch körpersprachliche Signal können hier Aufschluss geben.

Oft passiert es jedoch, dass Verkäufer das übersehen oder überhören und kräftig weiter beraten. Das verunsichert dann den Kunden, der schon längst gerne gekauft hätte.

Entwickeln Sie hier Fingerspitzengefühl und trainieren Sie dies.

Tipp Nummer 29:

Halten Sie sich während der Messe fit

Eine Messe ist für alle Beteiligten ein ***wahnsinnig*** anstrengendes Projekt.

Was sehen wir oft am zweiten oder dritten Messetag? Müde, verkaterte Gesichter. Unmotivierte Mitarbeiter, die denken, hoffentlich ist bald Feierabend. Das ist wieder absolut ***wahnsinnig.***

Sie gehen auf eine Messe, um Geld zu verdienen, da ist es wichtig, dass auch alle Mitarbeiter gemeinsam an einem Strang ziehen.

Körperliche und geistige Fitness sind dabei **wahnsinnig** wichtig.

Die Planungsphase, die Aufbauphase und dann noch die eigentliche Messezeit.
Wenn Sie das alles selbst machen, dann wird das bis zum letzten Tag wirklich hart.

Prüfen Sie, ob Sie gewisse Aufgaben und Tätigkeiten vielleicht abgeben können.

Sie finden vor Ort meist studentische Aushilfen, die Ihnen beim Entladen des LKW´s, beim Standaufbau und sogar beim Verkauf helfen.

Kontakte erhalten Sie z.B. von der Messe-gesellschaft oder über die Arbeitsagentur.

Oder Sie geben den Aufbau an eine Messebaufirma. Dies hängt alles von Ihrem Messebudget und den eigenen Ressourcen ab.

Sie sollten auf jeden Fall ein paar Dinge beachten, um die Messe körperlich möglichst gut zu überstehen.

Ernährung:

Achten Sie auf eine gesunde und frische Ernährung. Obst, frische Säfte und Wasser sorgen für geistige Fitness. Nehmen Sie zum Mittagessen am besten nur einen Salat statt etwas Deftigem. So können Sie sich auch nachmittags noch voll konzentrieren. Sorgen Sie auch über den Messetag verteilt für eine gute Ernährung und genug zu trinken.

Bewegung:

Gehen Sie in den Pausen raus an die frische Luft und laufen Sie ein paar Schritte.
Das Stehen am Stand ist Gift für Ihre Füße und wenn Sie sich nicht wohl fühlen, spürt das auch Ihr Gesprächspartner.

Sie können auch im Team morgens eine kleine Runde joggen gehen, also packen Sie ruhig die Laufschuhe mit ein. Vor dem Frühstück etwas Frühsport und Sie sind fit für den Tag. Zusätzlich können Sie auch am Stand oder vor den Messehallen immer wieder ein paar Lockerungsübungen für den Rücken ausführen.

Innere Einstellung:

Gehen Sie mit einer positiven inneren Einstellung auf die Messe. Haben Sie Spaß und freuen Sie sich auf alle Besucher.
Damit haben Sie schon einen wichtigen Punkt zum Erreichen Ihrer Messeziele erfüllt.

Kennen Sie das Prinzip der sich selbst erfüllenden Prophezeiung? Genau dieses Prinzip kommt hier zum Tragen.

> Machen Sie sich diese zu Nutze.

Tipp Nummer 30:

Veranstalten Sie eine Standparty

Überlegen Sie sich, ob Sie auf der Messe eine Standparty machen wollen.

Dies macht z.B. dann Sinn, wenn Sie ein neues Produkt oder eine neue Produktlinie einführen wollen.
Laden Sie hierzu Ihre VIP-Kunden und die Presse ein. Beginnen Sie die Party eine halbe Stunde nach offiziellem Messeschluss.

Wichtig ist natürlich, dass Sie die Party bei der Messe-Organisation anmelden.

Für diesen Event sollten Sie sich auch etwas ganz Besonderes einfallen lassen.

Wichtige Elemente können sein:

- Musik
- Essen und trinken
- Show- Programm
- Moderation
- Geschenke
- Produktneuheiten

Wenn Sie die Party im Vorfeld der Messe ankündigen und hier auch die Karten dafür verschicken, machen Sie für Ihre VIP-Kunden den Event noch wertiger.

Ein paar Karten heben Sie sich noch für Neukunden auf der Messe auf.
Es sollte wirklich sehr exklusiv bleiben, lassen Sie das Ihre Kunden spüren.

Im Nachhinein können Sie das noch verlängern, indem Sie über die Party berichten lassen. Versenden Sie an die Gäste noch Bilder oder ein Video von der Produktpräsentation. Bei Aufnahmen mit erkennbaren Personen achten Sie bitte noch auf die Erlaubnis zu Veröffentlichung.

Diesen können Sie dann auch einen exklusiven Vorab-Verkauf der neuen Produkte anbieten.

Der Spaß und Networking sollten natürlich im Vordergrund stehen.

Wenn die Kunden über Ihre phänomenale Party sprechen, dann haben Sie alles richtig gemacht.

Planen Sie das alles gut im Vorfeld, hier gilt auch:

Gute Vorbereitung ist **wahnsinnig** wichtig!

Tipp Nummer 31:

Führen Sie eine Messe-Statistik

Auch wenn Sie nach der Messe zurück kommen und viel mit den Auslieferungen und Anfragen zu tun haben, sollten Sie sich Zeit für Statistiken nehmen.

Es ist für Ihre zukünftige Auftritte **wahnsinnig** wichtig zu wissen, was Ihnen die Messe wirklich gebracht hat, was wurde verdient.

Viele Veranstalter führen auch eigene Statistiken und Umfragen durch. Lassen Sie sich diese, wenn möglich, geben. Vergleichen Sie diese dann mit Ihren eigenen Erfahrungen und Ergebnissen um sich ein komplettes Bild zu machen.

Welche Zahlen sind wichtig?

Die Gesamtbesucherzahl und die Zahl der Aussteller bekommen Sie vom Veranstalter.

Der direkte Umsatz der Messe:

Rechnen Sie gleich nach der Messe aus, wie viel Sie verkauft haben bzw. wie viele Bestellungen/Aufträge Sie erhalten haben. Wie schon beschrieben macht das Sinn, diese Zahlen nach Tagen aufzuführen.

Neukunden/Bestandskunden:

Das Hauptziel einer Messe sollte sein, Neukunden zu gewinnen.

Deshalb ist das Verhältnis von Neukundenaufträgen zu Bestandkundenaufträgen wichtig.

Wenn Sie viele neue Kunden gewonnen haben, rechnet sich die Messe dann in der langfristigen Betrachtung, da Sie mit diesen Kunden ja sonst unter Umständen nie in Kontakt gekommen wären.

Auch wenn der Erstauftrag nicht so hoch war.

Wir sprechen hier vom sogenannten „Costumer lifetime value", also dem Gesamtumsatz den ein Kunde bei uns macht.

Die Zahl der Gespräche:

Wenn Ihre Mitarbeiter nach jedem Gespräch einen kurzen Bericht ausfüllen, können Sie auch diese sehr schnell erfassen und auswerten.

Hier ist es auch wichtig, die Kontakte gleich zu qualifizieren.

Auf dem Messe-Kontaktbericht sollte deshalb eine Einschätzung des Potenzials des Gesprächspartners möglich sein. (A-B-C)

Auch ist es interessant, aus wie vielen Interessenten nach 6 Monaten tatsächlich Kunden geworden sind.

Dabei geht es auch um die langfristige Wirkung einer Messe.

Qualität der Besucher/Gespräche:

Analysieren Sie auch die Qualität der Besucher sowie die Qualität der Gespräche.

Waren die Besucher auch die Entscheider?

Waren es ehr allgemeine oder schon konkrete Anfragen?

Wie lange dauerten die Gespräche im Durschnitt?

Tipp Nummer 32:

Bereiten Sie die Messe richtig nach

Wieder zurück von der Messe und im Alltagsstress wird oft vieles vergessen. Hier wird dann oft das ganze investierte Geld verbrannt – ***Wahnsinn!!!***

Wenn Sie auf der Messe gut gearbeitet haben und jetzt einen Ordner voll Kontakten haben, ist es **wahnsinnig** wichtig, diese auch richtig auszuwerten.

Verfassen Sie ein Dankschreiben an alle Besucher, von denen Sie die Adresse haben.

Dieses können Sie mit den versprochenen Prospekten, Angeboten oder Mustern versenden, mehr Wirkung erzielen Sie jedoch, wenn Sie es separat schicken.
Bedanken Sie sich für den Besuch, das gute Gespräch, das Interesse an Ihrer Firma usw.

Sie können auch noch einmal kurz die Messe Revue passieren lassen, einige Highlights erwähnen oder falls Sie Bilder vom Stand haben, diese mitschicken.

Die Messe-Impressionen können Sie auch auf Ihrer Homepage veröffentlichen und den entsprechenden Link versenden.

Vielleicht findet sich ja der eine oder andere Besucher auf den Bildern wieder, was ihn sehr stark an Sie bindet.

Wenn wir uns selbst auf einem Foto wiedererkennen, fühlen wir uns gleich wieder in diese Situation hineinversetzt.

(Hier ist auch wieder eine Einverständniserklärung erforderlich)

Versenden Sie einfache Anfragen wie Kataloge und Preislisten **sofort**, spätestens innerhalb einer Woche nach der Messe.

Bei größeren Anfragen teilen Sie dem Ansprechpartner kurz mit, was Sie nun für ihn tun werden und wann er mit einer Rückmeldung rechnen kann. Geben Sie hier auch, wenn möglich, einen konkreten Zwischenstand durch.

Bestellungen mit Liefertermin **sofort** sollten auch **sofort** geliefert werden. Ist dies auf Grund des hohen Messeumsatzes nicht möglich, nennen Sie dem Kunden einen konkreten Liefertermin.

Wenn Sie mit Außendienstlern arbeiten, verteilen Sie die Anfragen **sofort** an die zuständigen Mitarbeiter. Diese sollen sich dann direkt beim Kunden melden und einen Termin vereinbaren.

Wie oft ist es Ihnen schon passiert, dass Sie sich als Besucher auf einer Messe informiert haben und Ihnen wurde die Zusendung von weiteren Informationen versprochen?

Dann passiert wochenlang gar nichts und irgendwann meldet sich jemand. Allerdings wissen Sie dann gar nicht mehr ganz genau welcher Stand das war und was da genau angeboten wurde.

So etwas ist ***wahnsinnig*** nachlässig. Versorgen Sie also Ihre Interessenten schnell mit den versprochenen Informationen. Sie heben sich damit deutlich von der Masse ab.

Neben einer täglichen Manöverkritik und einem kurzen Rückblick auf den Tag, führen Sie auch nach der Messe noch einmal ein umfangreicheres Abschlussmeeting durch. Sprechen Sie hier alle Punkte an, die gut gelaufen sind. Und natürlich auch die Punkte, die bei der nächsten Messe anders/besser laufen müssen.

Es ist hier **wahnsinnig** wichtig, dies schriftlich festzuhalten und auch gleich wieder Verantwortungen zu verteilen.

Zum Abschluss ermitteln Sie noch die Gesamtkosten des Auftritts, um für weitere Aktivitäten besser planen zu können. Rechnen Sie hier auch alle angefallenen Nebenkosten mit ein.

Dann machen Sie noch einen Soll/Ist-Vergleich Ihrer geplanten und Ihrer erreichten Messeziele.

Mit diesen Zahlen können Sie einen Kosten/Nutzenvergleich für diese Messe durchführen. Daraus ergibt sich dann die neue Budget- und Zielplanung sowie die Strategie für das weitere Vorgehen im Bereich Messemarketing.

„Keine Planung ohne Kontrolle und keine Kontrolle ohne Planung"

Tipp Nummer 33:

Nutzen Sie eine Messe auch als Besucher

Gehen Sie doch einfach einmal auf Messen, auf denen Ihre Kunden ausstellen.

Hier können Sie dann als Besucher sehr kostengünstig akquirieren. Sie besuchen einfach Ihre Kunden bzw. potenziellen Kunden und bieten diesen Ihre Dienstleistungen an. Natürlich gut vorbereitet und mit einem pfiffigen Konzept.

Bewaffnen Sie sich mit Visitenkarten, einem kleinen Prospekt und Schreibmaterial bzw. Diktiergerät. Dann laufen Sie los und schauen sich um, wer für Ihre Produkte bzw. Dienstleistungen in Frage kommt.

Sie können dann direkt auf der Messe das Gespräch suchen oder sich die Firma notieren und in den nächsten Tagen akquirieren. Das liegt ganz bei Ihnen.

Fazit:

Liebe Leserin, lieber Leser,

Sie haben nun in 33 Tipps erfahren, wie Sie Ihre nächsten Messen bzw. Ausstellungen erfolgreicher planen und durchführen können.

Ich hoffe, Sie sind jetzt nur im positiven Sinn **wahnsinnig** und freuen sich **wahnsinnig** auf Ihre nächste Messe.

Nehmen Sie sich ein paar Minuten Zeit und notieren Sie Ihre Ideen und Umsetzungspunkte auf den letzten Seiten hier im Buch.
Wichtig hierbei ist auch die 72-Stunden-Regel:

„Alles was Sie in den ersten 72 Stunden nach der ersten Idee beginnen, hat eine sehr hohe Erfolgswahrscheinlichkeit. Werden Sie jedoch nicht innerhalb dieser Zeitspanne aktiv, sinkt die Umsetzungswahrscheinlichkeit gegen Null."

Also tun Sie sich selbst den Gefallen und werden Sie aktiv!
Wahnsinnig viel Erfolg dabei wünscht Ihnen

Michael Kimmelmann

Über den Autor

Michael Kimmelmann ist geprüfter Vertriebstrainer mit Spezialisierung auf Messen und Marketing. Bei Trainings für zahlreiche Marktführer vermittelt er handfestes Wissen zu Akquise, Verkauf und kundenorientierter Kommunikation. Darüber hinaus ist Michael Kimmelmann als freier Dozent am IHK Bildungswerk Karlsruhe, an der Hochschule Karlsruhe und an der Dualen Hochschule Baden-Württemberg tätig.

Grundlage für dieses Buch ist darüber hinaus seine langjährige Erfahrung im Bereich Vertrieb, Messen und Marketing: Als Vertriebsleiter in einem Feinkost-Großhandel und als Leiter einer Handelsagentur konnte er durch Kundenkontakt und auf Messen wertvolles Know-how sammeln.

Den wissenschaftlichen Hintergrund dazu lieferte sein berufsbegleitendes Studium an der Württembergischen Verwaltungs- und Wirtschaftsakademie (VWA) in Stuttgart mit dem Abschluss „Geprüfter Fachkaufmann für Marketing" (IHK). 2009 ließ er sich nach erfolgreicher Trainerausbildung an der Businessakademie Profileon vom Berufsverband für Berater, Trainer und Coaches e.V. zum geprüften Trainer und Berater zertifizieren.

Wenn Sie Anregungen, Rat und Unterstützung für Ihren Messeauftritt wünschen, wenden Sie sich persönlich an:

Michael Kimmelmann
76359 Marxzell
www.messe-wahnsinn.de
autor@messe-wahnsinn.de
Ihr Direkter Draht zum Autor: 0170 - 8 22 00 01

- ➢ Sie wollen die angesprochenen Punkte, Fragetechniken, Gesprächsführung, etc. vertiefen und in Ihrem Team trainieren?
- ➢ Sie suchen einen Keynote Speaker für einen Vortrag zu einem der Themen Messe/Vertrieb/Marketing?
- ➢ Sie wollen mehr zu dem Thema Messe-Marketing erfahren?
- ➢ Ihr Messe-Team sollte vor der nächsten Messe ein paar Basics trainieren?

Kontaktieren Sie den Autor unter:
anfrage@messe-wahnsinn.de

Benötigen Sie weitere Exemplare dieses Ratgebers, senden Sie ein Email mit Ihren Bestelldaten an:

bestellung@messe-wahnsinn.de

www.messe-wahnsinn.de

Die Homepage zum Buch

Hier finden Sie weitere Informationen zum Thema Messe, Messe-Erfolg und den Autor.

Sie können sich auch kostenlose Checklisten für Ihre nächste Messeplanung downloaden.

Der Messe-Wahnsinn

Das Seminar zum Buch

In dem praxisorientierten Training lernen Sie alle wichtigen rhetorischen Grundlagen für die erfolgreiche und professionelle Betreuung Ihrer Kunden am Messestand kennen. In realistischen Übungssituationen werden alle Kenntnisse unmittelbar in die Praxis umgesetzt und vertieft. Durch eine Videoanalyse erhalten Sie eine unmittelbare Rückmeldung und können Ihr Stand-Verhalten direkt optimieren. Das Seminar bietet Ihnen darüber hinaus den Rahmen, um die strategischen Entscheidungen zu klären, die für eine Messeteilnahme sprechen und sie lernen die wichtigsten Aspekte der Messeplanung und Erfolgskontrolle kennen. Mit der systematischen Nachbereitung Ihres Messebesuchs, die wir im Training erarbeiten, haben Sie in Zukunft auch hier alle notwendigen Schritte stets im Blick.

Alle Seminare werden individuell konzipiert und nach einem Vorgespräch auf Ihre Bedürfnisse angepasst.

Aus dem Inhalt:

- Strategische Messeplanung
- Marketing vor und nach der Messe
- Kommunikation Ihres USP
- Professioneller Messeauftritt
- Kundenorientiertes Verhalten auf der Messe
- Aufgaben und Absprachen am Stand
- Systematische Nachbereitung
- Messeziele und Erfolgskontrolle

Methoden:

- Trainervortrag/Fachvortrag
- Gruppenarbeiten
- praktische Übungen inkl. Videoaufzeichnung
- Reflexionsphasen
- Training (auch in realistischem Umfeld bei einem Messebauer möglich)
- Transfersicherung

Weitere Informationen anfordern unter:
anfrage@messe-wahnsinn.de

Meine Ideen und Umsetzungspunkte:

Meine Ideen und Umsetzungspunkte:

Meine Ideen und Umsetzungspunkte: